Egon M. Binder

Alois Irlmaier Prophezeiungen

Der Seher von Freilassing

Egon M. Binder

Alois Irlmaier Prophezeiungen

Der Seher von Freilassing

SüdOst Verlag

Bibliografische Information der Deutschen Nationalbibliothek

Die Deutsche Nationalbibliothek verzeichnet diese Publikation in der Deutschen Nationalbibliografie; detaillierte bibliografische Daten sind im Internet über http://dnb.dnb.de abrufbar.
ISBN 978-3-86646-781-1

MIX
Papier aus verantwortungsvollen Quellen
FSC® C014138
FSC www.fsc.org

Für uns, die Battenberg Gietl Verlag GmbH mit all ihren Imprint-Verlagen, ist Nachhaltigkeit ein wichtiger Teil unserer Unternehmensphilosophie. Daher achten wir bei allen unseren Produkten auf den Einsatz umweltschonender Ressourcen und Materialien.
Dieses Buch wurde auf FSC®-zertifiziertem Papier gedruckt. FSC (Forest Stewardship Council®) ist eine nicht staatliche, gemeinnützige Organisation, die sich für die verantwortungsvolle und ökologische Nutzung der Wälder unserer Erde einsetzt.

Unsere Partnerdruckerei kann zudem für den gesamten Herstellungsprozess nachfolgende Zertifikate vorweisen:
- Zertifizierung für FOGRA PSO
- Zertifizierungssystem FSC®
- Leitlinien zur klimaneutralen Produktion (Carbon Footprint)
- Zertifizierung EcoVadis (die Methodik besteht aus 21 Kriterien in den Bereichen Umwelt, Einhaltung menschlicher Rechte und Ethik)
- Zertifikat zum Energieverbrauch aus 100 % erneuerbaren Quellen
- Teilnahme am Projekt „Grünes Unternehmen“ zum Schutz von Naturressourcen und der menschlichen Gesundheit

4. Auflage 2022
ISBN 978-3-86646-781-1

www.battenberg-gietl.de

Inhalt

Menschen mit dem „Zweiten Gesicht“

Solange es die Menschen gibt, ganz gleich welcher Kultur sie angehörten, ist der Glaube daran, dass selbst die Sterblichen einen Blick hinter den Vorhang der geheimnisvollen Zukunft tun können, ungebrochen. Doch nur ganz wenigen ist diese Gabe des „Zweiten Gesichts“ in die Wiege gelegt. Zumeist sind es nicht die Gelehrten, die mit außersinnlichen Wahrnehmungen gesegnet sind, sondern oft sind es die einfachsten, vor allem eng mit der Natur verbundenen Menschen, denen ein Blick in die Zukunft und hinter das Verborgene gegönnt ist.

Die neueste, im Jahre 1997 herausgegebene Jubiläumsausgabe der Brockhaus-Enzyklopädie bringt diese Gabe auf folgenden Nenner: *„Hellsehen, Clairvoyance (frz.) ist eine Form der außersinnlichen Wahrnehmung, wobei angenommen wird, daß die Wahrnehmung von Gegenständen oder Sachverhalten in der Gegenwart oder Vergangenheit im Unterschied zur Telepathie nicht durch die Vermittlung der Psyche oder des Gehirns einer anderen Person erfolgt, sondern daß die Informationen des Hellsehens direkt der physikalischen Außenwelt entnommen wird“.*

Von der Parapsychologie anerkannt

Außersinnliche Wahrnehmungen sind ein von dem Arzt Gustav Pagenstecher (* 1855, † 1942) in die Parapsychologie eingeführter Begriff für Formen der Erfahrungen, die sich ohne Beteiligung der Sinnesorgane auf eine objektive Gegebenheit oder einen innerpsychischen Vorgang außerhalb des Erlebnisträgers beziehen. Wer eine solche Erfahrung macht, erlangt dabei Informationen, die sonst nur erschlossen oder gemutmaßt werden können, wenn die Sinnesorgane beteiligt sind.

Unterschieden werden die allgemeinen außersinnlichen Wahrnehmungen in das Hellsehen, Präkognition und Telepathie. Sie können spontan auftreten oder auch bei spiritistischen Sitzungen provoziert werden. Sie sind bei Normalbewusstsein, aber auch bei veränderten Bewusstseinszuständen wie etwa im Schlaf, in Trance, Dämmer- oder auch drogeninduzierten Zuständen aufgetreten.

Im Mittelalter noch als finsterer Aberglaube verschrieen, Hexen und Hexern zum Verhängnis bis hin zum Scheiterhaufen werdend, gibt es heutzutage sogar Lehrstühle für die Wissenschaft der Parapsychologie, die sich mit Hellsehen und Telepatie und anderen paranormalen Phänomenen beschäftigen.

Immer mehr Menschen glauben an außerirdische Wahrnehmungen

Eigentlich müsste man glauben, dass gerade der Mensch der volltechnisierten, alles zu erklären versuchenden Zeit am Ende des zweiten Jahrtausends nach Christi Geburt Kartenlegern, Wahrsagern und Astrologen immer weniger Glauben schenkt. Doch weit gefehlt! Wie Umfragen des angesehenen Instituts für Demoskopie Allensbach beweisen, wird die Gier danach, einen Blick in die eigene Zukunft wie in die der Welt zu tun, immer größer.

Im Jahre 1982 glaubten 16 Prozent der Befragten daran, dass die Sterne unser Schicksal beeinflussen würden, im Jahre 1995 waren es bereits 29 Prozent, die zum Glauben an Sterndeutern und Hellsehern gekommen sind.

„Seherische“ Tiere

Immer wieder taucht in Erzählungen und alten Überlieferungen das seherische Talent von Menschen auf, die auf sich und die Natur alleine gestellt sind.

Sogar im Verhalten von Tieren wird ein Hinweis auf die Zukunft gesucht, die sogar Erdbeben und Ungewitter lange vor deren Eintreten ahnen, so wie man es Katzen und Vögeln zuschreibt. Einfach unerklärlich ist das aus einer alten Seemannsweisheit abgeleitete Sprichwort: „Die Ratten verlassen das sinkende Schiff“. Dabei soll es sich nicht nur darum handeln, dass die Ratten bei sinkenden Schiffen aus ihren dunklen Verstecken hervorkommen, sondern, wie Seemänner von einst behaupten, auslaufende Schiffe bereits in dem letztangelaufenen Hafen verlassen und dem Land zufliehen. Ihr Instinkt hat ihnen gesagt, dass das Schiff, das auch ein seinem Schimpfnamen gerecht werdender „Seelenverkäufer“ sein kann, untergehen wird.

Unerklärliches „Tischerlrücken“

Auch im bayerisch-böhmischen Grenzraum wie im Alpenländischen war etwa in schicksalhaften Zeiten von Kriegen die Sucht nach der Befragung des Mirakels über Leben oder Tod von Angehörigen groß. In vielen Dörfern gab es Menschen mit übersinnlichen Kräften, die ein hölzernes Tischchen beim sogenannten „Tischerlrucken“ befragten, ob denn der Sohn, Bruder oder Vater aus dem Kriege heimkehren werde oder nicht.

Der Autor dieses Buches war bei zwei „Sitzungen“ dabei, als ein sein Leben der Kunst verschriebener Waldler allein durch das Reiben der blankpolierten Tischplatte mit den Fingern, was in Gemeinschaft mit fünf weiteren Männern geschah, den Tisch in eine um die eigene Achse rotierende Bewegung versetzte. Der Tisch hob sich ohne weiteres Zutun von einem Tischbein zum anderen, gab ein ächzendes Geräusch ab und begann sich daraufhin unentwegt zu drehen.

Mit von der Runde waren dabei durchaus kritische Leute, u. a. ein Arzt, zwei Journalisten, zwei Oberstudienräte wie der Künstler als Medium, die den Tisch, dessen Elemente nur verleimt waren, also weder von Nägeln noch Schrauben zusammengehalten wurden, in Bewegung versetzten.

Notiert ist über dieses Erlebnis: „Wir wurden gebeten, uns rund um einen kleinen Tisch zu setzen. Wir sollten die Hände fest auf die Tischplatte legen, wir taten es. Doch es passierte gar nichts. Eine schier endlos lange Zeit saßen wir da, nichts tat sich!“

Und dann geschah es doch: „Ein seltsames Geräusch war zu hören. So, als bohre jemand im Holz, als schiebe jemand einen Stuhl über einen Holzboden. Im nächsten Augenblick begann der Tisch zu schweben, er konnte auch durch den Druck der Hände nicht mehr am Boden gehalten werden. Immer tollere Bewegungen vollführte er. Ein richtiges rotierendes Etwas hielten wir da in der Hand.“

Einer der Augenzeugen weiter: „Wir erhoben uns schließlich von unseren Stühlen, wollten den Tisch nach unten drücken, es fehlte uns aber selbst zu sechst die Kraft dazu. Der ganze Tisch tanzte im Kreis herum. Und wir rannten mit dem Tisch durch das Zimmer. Es war ein seltsamer Anblick für die Umstehenden.“

Ein halbes Dutzend weiterer im Atelier befindlicher Gäste legten sich auf den Boden, um das Phänomen aus der Froschperspektive zu betrachten. Sie guckten, sie schauten ganz genau hin. Aber gar nichts, das nach Drehhilfe aussehen hätte können, war zu beobachten.

Reporter der Münchner Abendzeitung, die von diesem „kreisenden Tisch“ erfuhren, befragten später den Künstler nach seinen magischen Kräften und erfuhren von ihm, einem überaus bescheiden lebenden Mann: „Das war nichts Besonderes. Gar nichts. Ich habe einfach die Kräfte gehabt, die dieses Tischerlrücken bewirkten. Dabei kam mir zugute, daß noch zwei andere im Raum saßen, die ähnliche starke Ausstrahlungen besaßen. Erlernen freilich kann man das Tischerlrücken nicht. Das muß man von Kindesbeinen an können, das erbt man, das ist Veranlagung.“

Der „Seher" Alois Irlmaier

Wenn er auch mit dem Tischerlrücken nichts am Hut hatte, so war er geradezu ein Phänomen, was seine Voraussagen betraf: der in Freilassing in Oberbayern lebende Brunnenbauer und Hellseher Alois Irlmaier, der in der ersten Nachkriegszeit fast ebenso umworben war wie Bruno Gröning, der in den Nachkriegsjahren durch angebliche „Wunderheilungen“ Tausende und Abertausende von Menschen, ja ganze Prozessionen Gläubiger anzulocken vermochte. Seine Losung war Mystifikation statt Medizin. Der quacksalbernde „Meister“ fand durch seinen magischen Unsinn eine reiche Gefolgschaft, die ihm nahezu hörig war.

Alles andere als ein Scharlatan

Doch auch zu Irlmaier, der alles andere als ein Scharlatan, sondern ein, wie man in Bayern zu sagen pflegt, rechtschaffener Mann war, kamen anfangs der fünfziger Jahre am Tag oft Hunderte vom Schicksal bedrohter Menschen, die von ihm aufgrund vorgelegter Briefe oder Lichtbilder über das Leben oder den Tod von noch nicht heimgekehrten Soldaten Auskunft erhalten wollten.

Irlmaier soll in diesen turbulenten Jahren, als ganz Bayern von amerikanischen Streitkräften besetzt war, sogar vom amerikanischen General Clay und dessen politischem Berater Murphy über den künftigen Verlauf des Weltgeschehens befragt worden sein. Und selbst Bundeskanzler Konrad Adenauer (1876–1967) soll den Rat von Irlmaier zur künftigen Deutschland- und Europapolitik gesucht haben. Ein Freilassinger Wachtmeister soll über diese Nachricht so schockiert gewesen sein, dass er gesagt haben soll: „Womit müssen wir noch alles rechnen, wenn selbst der Kanzler den verrückten Hund besucht?“ Doch für diese „Überlieferungen“ liegen dem Autor dieses Büchleins keine autorisierten Beweise vor.

Von seinem Hauptberuf war der Hellseher aber Brunnensucher und -bauer. Innerhalb von 25 Jahren hat er nicht weniger als 750 unterirdische Quellen entdeckt – das allein mit seinen bloßen, vorgestreckten Händen ganz ohne Zuhilfenahme einer Wünschelrute.

Ein Helfer bei der Aufklärung von Mordfällen

Wenn auch nicht alle seine Voraussagen eintrafen, so bislang auch nicht der bereits 1947 von ihm vorausgesagte dritte Weltkrieg, hat er geradezu mit nachtwandlerischer Sicherheit abhanden gekommene Gegenstände aufgefunden, Vermisste entdeckt und sogar Polizei und Gericht bei der Aufklärung mysteriöser Todesfälle geholfen. Irlmaier galt als gläubiger christkatholischer Mensch und als seiner Heimat verwurzelter Patriot.

Von ihm, dem großen Hellseher von Freilassing, will dieses Buch erzählen.

In Oberbayern geboren und gelebt

Man schrieb das Jahr 1894, als auf dem Bruckthalerhof in Oberscharam bei Eisenärzt im Oberbayerischen, also unweit des Chiemsees, am 8. Juni Alois Irlmaier als Sohn der Bauersleut' Alois und Anna Irlmaier das Licht der Welt erblickte. Ganz im Gegensatz zur heutigen Gepflogenheit wurde das Kind noch am selben Tag in der Pfarrkirche der „Mariä Unbefleckten Empfängnis" als Erstgeborener der Irlmaier-Familie getauft.

Den acht Jahren seiner Volksschulpflicht kam er bis zum Jahre 1908 in Eisenärzt nach, wurde später dann zum Kriegsbeginn 1914 auf die Schlachtfelder Russlands gerufen, wo er durch einen Schuss in die Lunge schwer verletzt wurde. Zudem erlebte er Schreckliches, als eine Granate seinen Unterstand traf und ihn für vier Tage verschüttete.

Zwei Jahre nach der Heimkehr vom Krieg heiratete er im Jahre 1920 Maria Schießinger aus Obergschwind bei Ruhpolding, die ihm eine Tochter schenkte. Ein Jahr später wurde dem Ehepaar ein Sohn geboren, der wie schon Großvater und Vater ebenfalls Alois heißen sollte.

Vom Schicksal eines Brandunglücks geschlagen

Ein Schreckenstag sollte der 29. September 1926 werden, als aus nicht geklärten Ursachen der elterliche Hof gänzlich in Flammen aufging. Dieser Verlust sollte schließlich das Leben der Familie Irlmaier grundsätzlich ändern, brachte größte Not und Entbehrungen. In zwei Jahren gelang zwar der Wiederaufbau des Bruckthalerhofes, in der Folge davon häufte sich jedoch eine so große Schuldenlast an, dass sie Alois Irlmaier nicht mehr abtragen konnte. Ihm blieb nur noch die Trennung vom ererbten Gut der Väter übrig, was 1928 durch eine Versteigerung besiegelt wurde.

Nur wer den Verlust von Grund und Boden der Altvordern erahnen kann, wird wissen, was Irlmaier damals gelitten haben muss, als er aus dem neuerrichteten Hof ausziehen musste und sich mit dem wenigen, was ihm an Finanzmittel aus der Versteigerung geblieben war, schließlich in Freilassing die „Kurr-Villa" in Hagn bei Salzburghofen kaufte. Dieses Haus, das er noch mit drei Familien von „Wohnungsleuten", also Mietern, teilte, war alles andere als in unserem Verständnis eine Villa. Das Geld aus der Vermietung reichte natürlich nicht zum Lebensunterhalt, so dass sich Irlmaier, der schon als Kind auf unterirdische Quellen empfindlich reagierte, sich seiner ausgeprägten handwerklichen Fertigkeiten als findiger Installateur besann und damit schließlich das tägliche Brot für sich und seine Familie verdiente.

750 Wasser- und Heilquellen entdeckt

In Zeiten, in denen es ja nur in den größeren Märkten und Städten eine öffentliche Wasserversorgung gab, war die erste Vorsorge, dass man in künftiger Hausnähe eine eigene Wasserversorgung auftat. Und dabei konnte nur ein Wassersucher helfen, der eine eigene Quelle aufspürte, die in einer noch ergrabbaren Tiefe liegen musste. Irlmaier nutzte dieses ihm angeborene Talent und wurde damit zum Wassersucher und Brunnenbauer, der in seinem folgenden Leben an die 750 Quellen entdecken sollte.

Das Jahr 1928 sollte Irlmaier zu einem zweiten Schicksalsjahr werden, das sich jedoch zum Positiven hin entwickelte: Seinen eigenen Bekundungen nach soll ihm die Gottesmutter Maria aus einem Bild heraus erschienen sein, an deren Erscheinung er sich noch oft erinnern sollte und die letztendlich auch die Vorausschau auf seinen eigenen Tod bewirkt haben soll, wenn er sagt: „Um das Marienbild, bei dem ich mein erstes ‚Gesicht' gehabt habe, wird eine Kapelle gebaut werden. Wenn sie fertig ist, dann stirb ich".

Die Gottesmutter Maria gilt ja als „Patrona Bavariae", also als die besondere Schutzpatronin Bayerns auch in der Heimat von Alois Irlmaier.

In den Jahren 1930 und 1940 schenkte Irlmaiers Frau ihrem Mann noch weitere zwei Kinder: die Töchter Elisabeth und Rita.

Nach dem Verkauf der Kurr-Villa zog der Brunnenbauer in eine Dreizimmerwohnung in der Reichenhaller Straße um und erwarb aber zugleich einen Lagerplatz, auf dem er sich auch eine Bauhütte für seine Geräte, die er zum Brunnenbau benötigte, errichtete. Dort wurde er nach Kriegsbeginn im Jahre 1939 von immer mehr Menschen bedrängt, die sich seiner inzwischen in ganz Deutschland herumgesprochenen Hellseherei bedienen wollten. Immer wieder waren es dieselben quälenden Fragen, denen er ausgesetzt war: „Wird mein Mann, mein Sohn, unser Bruder aus dem Krieg wieder heimkehren?"

Ein Zeitungsverleger entdeckt den „Seher“ Irlmaier

Eigentlich ist es einer ersten Begegnung Irlmaiers im Jahre 1943 mit dem Traunsteiner Zeitungsverleger („Die Traunsteiner Nachrichten“) und Druckereibesitzer („Chiemgau-Druck Traunstein“), Dr. Conrad Adlmaier zu verdanken, dass seine Voraussagen schriftlich festgehalten und erstmals dann in dem im Jahre 1950 herausgegebenen Buch von Dr. Conrad Adlmaier „Blick in die Zukunft“ veröffentlicht worden sind.

In den Jahren 1947 und 1948 sagt der Seher von Oberbayern immer wieder den Ausbruch eines dritten Weltkrieges voraus. Er sollte seiner Ansicht nach durch die Ermordung des „dritten Hochgestellten“ ausgelöst werden. Viele Leute nahmen damals an, dass damit als erste Opfer Mahatma Gandi und Graf Bernadotte gemeint gewesen seien. In seinen sensationellen und in den Medien dann reichlich ausgeschlachteten Prophezeiungen sprach der Hellseher auch von dem Abwurf eines „schwarzen Kästchens“, „Raupen“ und „Tauben“, die an einem Tag mehr Menschen vernichten würden als die beiden ersten Weltkriege zusammen.

Mitte der fünfziger Jahre sollte Irlmaier die Geister, die er zwar nicht gerufen hatte, aber die sich wie Heuschrecken von seinen Voraussagen angezogen fühlten, nicht mehr Herr werden, weshalb er sich gegen die massenhaften Besuche und auch Anschreiben wehrte. Er wollte deshalb vom Hellsehen nichts mehr wissen und hielt sich sogar einen scharfen Hund zur Abwehr unwillkommener Besucher. Seinem Handwerk als Brunnenbauer kam er jedoch nach wie vor nach.

Irlmaier entzog sich bis zu seinem Lebensende hin den Menschen immer mehr. Ein Zeitzeuge: „Eher können sie den (bayerischen) Ministerpräsidenten sprechen, als den Alis!“

Mit 65 Jahren an Leberkrebs gestorben

Eine heimtückische Krankheit, der Leberkrebs, machte ihn jedoch immer schwächer. Er sagte im Frühjahr 1959 ein zweites Mal seinen Tod voraus, als er seiner Familie mitteilte: „Im Juli werden Euch die Augen aufgehen, da werdet ihr etwas erleben."

Gemeint war damit sein sicherer Tod. Auf sein Sterbebild ließ man schreiben: „Zur frommen Erinnerung im Gebete an Herrn Alois Irlmaier, Brunnenbauer, Kriegsteilnehmer 1914/18, welcher am 26. Juli 1959, nach kurzer, schwerer Krankheit, versehen mit den hl. Sterbesakramenten, im 65. Lebensjahr in die Ewigkeit abberufen wurde. O Herr, gib ihm die ewige Ruhe".

Irlmaier fand im Familiengrab auf dem Friedhof der Grenzstadt Freilassing, genauer gesagt auf dem Gottesacker von Salzburghofen, am 29. Juli 1959 seine letzte Ruhestätte (Reihe 62, Nummer 3). Dort liegt auch seine Frau Maria begraben, die ihm nach kurzer schwerer Krankheit am 5. September 1957 in den Tod vorausgegangen war. Die einstige Bäuerin mit zu einer Krone aufgesteckten Zöpfen galt zu ihren Lebzeiten als treusorgende Ehefrau und Mutter und litt unter dem Menschenansturm, der ihren Mann oft über zwölf Stunden am Tag belagerte und sich von ihm in die Vergangenheit und Zukunft schauen ließ.

Der Verleger Dr. Conrad Adlmaier wohnte als Trauergast der Beerdigung des großen Sehers bei, den der Zelebrant des Requiems, Pfarrer Westenthanner, als einen Mann lobte, dessen große Liebe den dahingeschiedenen Seelen galt und dessen Mildtätigkeit allseits bewundert wurde. Adlmaier schrieb über den Toten: „Nun ist der merkwürdige Mann von Saalach tot und das Auge dieses Menschen ist geschlossen. Seine Sehungen sind zu Ende. Und es erhebt sich die Frage, ob er nicht seine Gabe als ‚Warner vor zukünftigen Katastrophen' von Gott bekam. Die Zukunft muß die Richtigkeit seiner Voraussagen beweisen." Der Verleger selbst hatte nach Irlmaiers Tod noch sieben Jahre zu leben und starb am 29. September 1966.

Der Pfeife rauchende Alois Irlmaier anfangs der fünfziger Jahre vor einem Bild von Papst Pius XII.

Bis zu seinem Lebensende hielt der Seher das Marienbild, das ihm 1928 zu seinem ersten „Gesicht“ verhalf, hoch in Ehren. Ein Bauer, bei dem er beschäftigt war, hatte es ihm geschenkt. Wenn auch nichts davon überliefert ist, dass Irlmaier über seine persönliche Zukunft vorausschauen konnte, so datierte er seinen Todeszeitpunkt damit, dass sein Tod dann eintreten werde, wenn er um das Muttergottesbild eine Kapelle bauen wird. Im Frühjahr 1959 hatte er angefangen, auf seinem Grundstück diese Kapelle zu errichten. Doch seine ihm noch verbliebene Lebenszeit ließ dieses Werk nicht über die Fundamente hinaus wachsen, weil er im Juli im Alter von 65 Jahren und sieben Wochen in die Ewigkeit abberufen wurde.

Und die Zeitungen in Bayern wie in weiten Teilen Deutschlands druckten folgende Meldungen der Deutschen Presseagentur ab: „Der Irlmaier ist gestorben. Kurz nach Vollendung seines 65. Lebensjahres starb in der Nacht zum Montag in Freilassing der weit über die Grenzen seiner Heimat hinaus bekannt gewordene Brunnenmacher und Wünschelrutengänger Alois Irlmaier. Er hat sich ein Leben lang gegen die Unterstellung gewehrt, ein Hellseher und Wahrsager zu sein, aber gerade dieser ihm von den Anhängern zudiktierten Eigenschaften wegen einen gewaltigen Zulauf von Menschen gehabt, die fest davon überzeugt waren, Irlmaier könne für sie einen Blick in die Zukunft tun lassen. Diese Wundergläubigkeit ging vor allem darauf zurück, daß Irlmaier nachgesagt wurde, er habe einmal mit seiner Hellseherei einen Mordfall aufgeklärt. Tatsache ist, daß er einige Hinweise geben konnte, die die polizeilichen und gerichtlichen Ermittlungen erleichterten. Daß Irlmaier eine ungewöhnliche Befähigung als Rutengänger besaß, ist auch in Fachkreisen anerkannt. Es gibt Hunderte von Brunnen, die von Irlmaier entdeckt wurden. In den letzten Jahren hat er sich mehr und mehr von der Außenwelt zurückgezogen.“

Im Bericht der „Passauer Neuen Presse“ wird am Freitag, 31. Juli 1959 im Nachruf auf ihn geschrieben: „Irlmaier besaß zweifellos übernatürliche Fähigkeiten, die er zielbewußt zu nutzen verstand.

Er fühlte in seinen Fingerspitzen, wie das lebensspendende und unsichtbare Naß zu seinen Füßen brodelte und zischte. Mit diesem erfolgreichen Brunnenbauer sank eine Persönlichkeit in das Grab auf dem Friedhof in Salzburghofen bei Freilassing, deren Sehergabe die Wissenschaft weder einwandfrei deuten noch wiederlegen konnte".

Die Marien-Erscheinung im Jahre 1928

Hellsehen kann man bekanntlich nicht lernen und auch für den Beruf des Wünschelrutengängers gibt es keinen Lehrberuf, wenn auch heutzutage Volkshochschulen Vorträge über diese innere magische Kraft anbieten, ja Fremdenverkehrsämter im Bayerischen Wald hierfür schon Kurse in Regie eines Wünschelrutengängers angeboten haben. Alois Irlmaier war bereits von Kindesalter an die Gabe zuteil, dass er mit der Wünschelrute oder einem Kupferdraht zum Aufspüren von Quellen wohl umzugehen wusste, ihm geradezu seine Adern anschwollen, wenn es darum ging, überirdisch das festzustellen, was unterirdisch verborgen lag. Später dann genügte es, wenn er seine Hände wie ein Magier über dem Boden schweben ließ, um zu sagen, wo sich eine unterirdische Quelle befand und wie tief man graben müsse, um sie zu Tage zu fördern.

Doch Auslöser für seine Hellseherei war eine Marien-Erscheinung im Jahre 1928. Er war ins Salzburgische gerufen worden, um dort in Kuchl (Salzkammergut) auf einem Gehöft auf Wassersuche zu gehen. Über diese Erscheinung hat der wohl beste Irlmaier-Kenner, der Traunsteiner Verleger Dr. Conrad Adlmaier, in seinem erstmals im Jahre 1950 herausgegebenen Büchlein „Blick in die Zukunft" folgendes aufgeschrieben:

„Bei dem Bauern hing ein sehr schönes Marienbild an der Wand, das Irlmeier recht gut gefallen hat. Auf einmal – ja, da hat 's dem Alois einen Riß gegeben. Denn da tritt die Mutter Gottes aus dem Bild heraus, schaut ihn gütig an, und als er sich über die Augen streicht, ist alles wieder wie zuvor: Und seit dieser Zeit ist er ein Hellseher. Er selbst hat es mir (also Dr. Conrad Adlmaier) erzählt, wie das bei ihm ist. Er schaut die Bilder wie wir im Kino die Figuren sehen, er muß sich aber dabei anstrengen, sich darauf konzentrieren, dann kommen die ‚Mandln' (gemeint Personen) daher, auch die Umgebung, wo sie sind." Und ergänzend bemerkt Adlmaier dazu: „Gegenwart und Zukunft verschmelzen ineinander, es entsteht eine Bildreihe. Das Geschaute ist deutlich wie ein Filmstreifen mit allen Eigenheiten der Umgebung. Ruckhaft erscheint das Bild und dann ist es plötzlich wieder weg wie eine Vision. Aber es ist so deutlich, daß der Hellseher sogar unbedeutende Kleinigkeiten beschreiben kann."

Alois Irlmeier mit dem Graphiker, Musiker und Heimatforscher Heinz Waltjen im Jahre 1933 in Arlaching (1894 – 1989).

Ein Besuch in Irlmaiers Behausung

Irlmaiers hellseherischer Arbeitsplatz war eine kleine Holzbude an der heutigen Jennerstraße auf dem im Jahre 1934 gekauften Grundstück, das er als Lagerplatz für seinen Brunnenbaubetrieb nutzte. Ein Reporter der „Süddeutschen Zeitung“ hat seine Eindrücke in einem Bericht mit der Überschrift „Der Mann mit dem zweiten Gesicht“, der Anfang der fünfziger Jahre erschienen ist, so zusammengefasst:

„Die Gabe des Hellsehens hat er schon seit zwei Jahrzehnten. Im ersten Weltkrieg war er verschüttet und hat einen Nervenschock davongetragen, von dem sich vielleicht seine Hellsehergabe herleitet. Beim Empfang seiner ‚Gesichter‘ legt er den Kopf leicht nach vorn: ‚Das ist dann genau so, wie wenn Du im Kino auf die Leinwand schaust‘“.

Im Bericht der „Süddeutschen Zeitung“ heißt es weiter: „Dabei sieht er die Lebenden in ihrer realen Gestalt. Tote sieht er in weißem Schimmer, für die Jahre sieht er weiße Striche. Täglich hat er in etwa 15 bis 20 Fällen die Gabe des Hellsehens. ‚Dann bin ich fertig‘, sagt er.

Irlmeier ist kein glücklicher Mann unter seiner Befähigung. Er leidet darunter, daß er vieles sieht, was den Menschen, die ihn befragen, besser verschlossen bliebe. Dadurch ist er in seinem Wesen zurückhaltend und abweisend geworden, so daß er einmal sogar seinen eigenen Schwager nicht empfing. Geld nimmt er keines für seine Auskünfte und will auch keines nehmen, um nicht den Prozeß wegen Gaukelei gemacht zu bekommen.

Er ist ein religiöser Mensch, dem es am liebsten ist, wenn die Leute nach einer Auskunft ‚Vergelts Gott‘ sagen. Aber davon kann er natürlich nicht leben. Er muß notgedrungen sein Geschäft vernachlässigen und Mutter und Sohn tragen ihren Teil dazu bei, daß ihn nicht allzu viele Leute belästigen.“

Dass es in Irlmaiers Wohnung wie auch in seiner Holzbaracke recht ärmlich zugegangen ist, darüber berichten im Oktober 1949 gleich zwei Zeitungen recht anschaulich. Im „Oberbayerischen Volksblatt“ vom 13. Oktober 1949 heißt es: „In seiner Wohnung in der Reichenhaller Straße wäscht die achtzehnjährige Tochter Elisabeth gerade Geschirr. Der Vater sei verreist, behauptet sie störrisch. Er käme auch so bald nicht zurück, und sagen würde er auch nichts. Es hätte keinen Zweck zu schreiben!“

Nach langem Suchen ist sein Werkhäuschen im Walde, umgeben von geborstenen Maschinen und rostigen Autoteilen gefunden. Ein zottiger Hund rast wütend an seiner Kette hin und her. Eben ist ein großer amerikanischer Wagen ergebnislos weggefahren. Aus dem Holzschuppen schaut ihm ein sechzigjähriger Mann heimlich nach.

„I sag nix mehr!“

„Hallo! Herr Irlmaier!“ Zögernd kommt der Alte heraus. „Was wollen S' denn? I sag nix mehr!“ Es kommt aber doch eine spärliche Unterhaltung über den Zaun zustande. Dass er Wasseradern ohne Wünschelrute aufspürt, nur mit dem Gefühl des Körpers, und dass er die Mineralquellen in Bad Schachten mitentdeckte, erzählt aber kein Wort vom Hellsehen, außer dass er es eben kann, wenn ihm ein Bild des Vermissten vorliegt.

Einer Rumänin hat er den Heimatort so genau beschrieben, dass die Frau halbverrückt in den Ort zurücklief.

Und Herbert Frank schreibt am 22. Oktober 1949 im „Münchner Merkur“ über einen Besuch bei Irlmaier:

„Er wohnt in einer Holzbaracke in der Nähe des Bahnhofes. Ein Drahtzaungatter, an dem ein Schildchen mit der Aufschrift: ‚Alois Irlmaier, Brunnenbau und Installation‘ baumelt, führt in einen von Lagerhallen umgebenen und Baugeräten verstellten Hof, in dem ein struppiger Köter bellend herumspringt. Durch eine niedrige Tür in einem der Schuppen gelangt man in Irlmaiers ‚Büro‘, eine Schlafwagenkabinen ähnliche Kajüte, in die sich bestenfalls drei Personen zwängen können. Durch ein halb blindes Gucklock fällt ein staubiger Strahl Sonne herein. Sonst ist der Raum dunkel. Aber es herrscht nicht die gespenstische Atmosphäre eines Kartenleger- oder Wahrsager-Salons, sondern man glaubt, in einer bescheidenen Bauernstube zu sein. Irlmaier sitzt bolzengerade auf einem Holzstuhl und lädt den Besucher ein, auf dem gegenüberstehenden, wackeligen Sofa Platz zu nehmen."

Der Reporter beschreibt Irlmaier als einen Mann, der einem Bauern oder auch Schäfer ähnlich sieht und hinter dessen buschigen Augenbrauen strahlendblaue, wasserhelle Augen liegen. Er habe ein fast eulenhaftes Aussehen und rede in einer urwüchsigen, altbayerischen Mundart.

„Verschiedentlich wurde er schon in andere Städte gerufen und auch von der Polizei in München in Anspruch genommen. Sogar nach Amerika ist er von einem Ölmagnaten als Ölsucher eingeladen worden. Er aber will in seiner Heimat bleiben und beantwortete die Einladung des Ölmagnaten mit einer nicht minderdeutlichen Absage in urbayerischer Sprache." Zudem, so schreibt die SZ weiter, ist Irlmaier sowieso mit allen Leuten per Du und sei in seiner Ausdrucksweise ganz drastisch, was auch seinem Aussehen als echt oberbayerischer Bauer entspräche.

Wegen „Gaukelei" vor Gericht geladen

Es war kein Wunder, dass sich nicht nur die bayerische Presse auf ihn stürzte und gerade in Zeiten des Kalten Krieges seine Voraussagen über einen baldigen dritten Weltkrieg, der Gott sei Dank nicht eintrat, publizierte. Er blieb natürlich nicht ohne Neider, auch wenn er sich vorsah, dass er durch seine Hellsehereien nicht selbst Schaden nahm. Doch oft kommt es eben, wie es kommen musste. Einmal verfing er sich dennoch in die Netze von Anfeindungen, als er sich vor dem Gericht in Laufen wegen „Gaukelei" zu verantworten hatte. Zeugen aus Freilassing sagten allerdings positiv für Irlmaier aus, so dass das Gericht ihn schließlich auf Kosten der Staatskasse freisprechen musste. Den Ausgang der Verhandlung hatte Irlmaier dem Vorsitzenden Richter bereits zum Beginn der Verhandlung vorausgesagt, in dem er ihn duzte und sagte: „Du kannst mir gar nichts tun".

Eingebrockt hatte Irlmaier den Prozess wegen Hellseherei ein Pfarrer. Diesem Kläger sagte Irlmaier eine höchst bittere Wahrheit voraus: „Dir wird man bald die Schuh' vor die Tür stellen", soll Irlmaier zum Pfarrer gesagt haben, was sich auch erfüllte, denn vier Wochen nach dem Prozess starb der Pfarrer.

Obwohl Irlmaier als überaus gläubiger Katholik und geradezu bayerischer Patriot galt, waren seinen Voraussagen der Geistlichkeit ein Dorn im Auge, infolgedessen hielten sie auch nicht viel davon. Obwohl ihm jegliche Sensationsmache fremd war, ja sogar im Innersten zuwider, stellte ihm der damalige Ortspfarrer von Freilassing ein nicht gerade schmeichelhaftes Zeugnis aus. In der „Landshuter Zeitung" vom 12. April steht die Aussage von Dekan Westenthanner: „Daß Alois Irlmaier auch Zukünftiges erkennen könne, scheint mir nicht erwiesen. Alle seine Weissagungen lassen sich meines Erachtens durch seine ungewöhnlich ausgebildete Kombinationsgabe hinreichend erklären. Wenn man zum Beispiel seine vielen Angaben über die künftigen Weltereignisse kritisch betrachtet, so fällt einem auf, daß sie nichts enthalten, was ein phantasiebegabter Zeitbeobachter nicht auch erschließen könnte." Doch die von Irlmaier überlieferten Voraussagen, mit Ausnahme der des Ausbruchs eines dritten Weltkriegs, bewiesen das Gegenteil.

Von einem Richter verspottet

Obwohl Irlmaier der Polizei, vor allem der Kriminalpolizei, sogar bei der Aufklärung von Mordfällen äußerst behilflich war, ging das Gericht nicht gerade freundlich mit ihm um. Überliefert ist im Heimatteil „Das Bayerland" des Oberbayerischen Volksblatts folgende Anekdote: „Der Amtsrichter in Laufen lächelte spöttisch, als ihm der Freilassinger Brunnenbauer vorgeführt wurde. ‚Sie können also hellsehen? – Sehr schön! Das Beste wäre, Sie gäben uns einen Beweis dafür!' – Der magere, grauhaarige Mann blieb ernst. ‚Ihre Frau ist daheim. Ein rotes Kleid hat sie an und ein fremder Herr ist bei ihr! Lassen's nachschauen, ob's stimmt!' Es stimmte und die Zeugenaussagen bestätigten noch mehr …"

Ein andermal ging eine Gerichtsverhandlung aber nicht ganz so gut für Irlmaier aus, als er nämlich einen Schafdieb entlarvte und dieser ihn wegen übler Nachrede anzeigte. Doch nachdem die Tat letztendlich diesem vor Gericht nicht nachgewiesen werden konnte, musste der Hellseher wohl oder übel eine kleine Strafe wegen übler Nachrede, die keinesfalls eine war, bezahlen – ob er wollte oder nicht.

So sah das Gericht das Leben des Rutengängers und Sehers

Über das Leben des eher wortkargen Alois Irlmaier gab es bereits zu seinen Lebzeiten viel Gerede, viele Zeitungsartikel und vor allem auch viele Zeugen, die behaupteten, mit ihm Kontakt gehabt zu haben. Doch viele der Letzteren konnten für sich oft keine Zeugen nennen, die dies bestätigt hätten. Und wer heutzutage im Internet stöbert, der wird eine riesige Fülle von angeblichen Irlmaier-Aussagen von Personen finden, die sich in der Anonymität verstecken oder von sich behaupten, sie hätten ihre Erfahrungsschätze mündlich von Leuten gesagt bekommen, die heute nicht mehr leben und deshalb auch nicht mehr gefragt werden können, ob dies auch der Wahrheit entspricht. Die sichersten Quellen sind deshalb die, die in dieses Buch eingebracht und bereits zuhauf zitiert wurden, weil eben noch zu Irlmaiers Zeit aufgeschrieben.

Äußerst interessant ist von Irlmaiers Leben und Wirken die Abschrift eines Gerichtsurteils, das seine Lebensumstände schildert. Irlmaier war vor dem Amtsgericht in Laufen wegen eines Verbrechens des Betrugs angeklagt, am 19. Mai 1947 letztendlich aber freigesprochen worden. Die Prozesskosten wurden von der Staatskasse übernommen.

Weil die Begründung dieses Urteils klare Aussagen trifft, wie die Bevölkerung und die Behörden das Wirken des Sehers einstufte, möchten wir dieses Dokument, das im Staatsarchiv in München hinterlegt ist, in den wichtigsten Abschnitten teils in voller Länge zitieren. Die öffentliche Sitzung wurde von Assessor Dr. Lehle geleitet, der auch das Urteil fällte.

Die Aufzeichnungen des Gerichts und die Urteilsbegründung: „Der Angeklagte ist seit dem Jahre 1928 als selbständiger Brunnenbauer tätig. Sein Arbeitsbereich erstreckt sich vor allem auf die Bezirke Berchtesgaden, Laufen, Traunstein und Rosenheim. Früher war er oftmals in Zahlungsschwierigkeiten; er hat ihnen mit nicht immer einwandfreien Mitteln zu begegnen versucht. 15mal ist er vorbestraft, 7mal wegen Betrugs.

Der Angeklagte behauptet von sich, er besitze eine Sehergabe; es sei ihm möglich, vergangene Dinge, von denen er sonst keine Kenntnis habe, und zukünftige Ereignisse zu sehen. Seit vielen Jahren teilt er diese Bilder Auskunft Suchenden mit. Im Laufe des Jahres 1945 verstärkte sich sein Ruf bei der Bevölkerung. Zu Anfang des Jahres 1946 strömten schließlich von allen Seiten Leute zu ihm, die sich von ihm Aufklärung über das persönliche Schicksal von Vermissten, über die Entwendung von Gegenständen und sonstige vergangene oder zukünftige Ereignisse erhofften.

So wurden am 10.3.1946 anlässlich einer polizeilichen Kontrolle gegen 8 Uhr vormittags etwa 70 Personen bei seinem Hause anstehend getroffen. Schon um 5 Uhr früh waren die Ersten gekommen; eine weitere Verstärkung brachte der Zug aus München, der um 9 Uhr 15 Min. ankam. Die Menschen setzten sich vom Zug aus in Lauf, um das Haus des Angeklagten vor den Anderen zu erreichen. In diesem gewerbsmässigen Umfang betrieb der Angeklagte die Hellseherei nur am Wochenende. Sonst ging er seinem Beruf als Brunnenbauer nach.

Gewöhnlich sollte der Angeklagte über das Schicksal von Vermissten aussagen. Er liess sich ein Lichtbild des Vermissten aushändigen, betrachtete es eingehend, sah dann konzentriert auf einen Punkt und schilderte dabei das an seinem Geiste vorüberziehende Bild, das den Vermissten in charakterisierender Weise zeigte, es sei hinter Stacheldraht, mit einer tödlichen Wunde bei einer bestimmten Wehrmachtsformation, in einer besonderen Gegend oder in ähnlicher Weise. Er forderte in keinem Falle von sich aus eine Bezahlung: auf Befragen nach dem Entgelt gab er jeweils die Antwort: „Gewöhnlich bekomme ich 5 Reichsmark für ein Bild“.

Der große Andrang beim Angeklagten brachte es mit sich, dass sich die Bevölkerung in steigendem Masse auch schriftlich an ihn wandte. Er wurde brieflich um Auskunft gebeten, man legte Lichtbilder über die vermissten Personen und meist auch 5 RM unaufgefordert je Lichtbild bei. Einige der Briefe beantwortete der Angeklagte, die meisten jedoch blieben teils ungeöffnet, teils jedenfalls nicht beantwortet in seiner Wohnung liegen. Es wurden von der Polizei 23 ungeöffnete Briefe und 35 geöffnete Briefe sowie Postkarten mit einem inliegenden Geldbetrag von insgesamt 211 RM sichergestellt.

Dem Angeklagten ist zur Last gelegt unter den Voraussetzungen des strafschärfenden Rückfalls einen fortgesetzten Betrug begangen zu haben. Nach dem Ergebnis der Hauptverhandlung ist der Tatbestand des Betrugs nicht erfüllt."

Es folgt nun in der Urteilsbegründung die Darstellung des Klägers, der sich von Irlmaier Auskunft über das Schicksal seines in polnischer Kriegsgefangenschaft festgehaltenen Bruders eingeholt hatte und sich das Bild, das der Seher vermittelte, auch bewahrheitete. Dennoch zeigte sich der Kläger mit der „Arbeit" von Irlmaier unzufrieden und wollte den ihm in einem Einschreibebrief übersandten 20 RM wieder zurück. Akribisch befasste sich das Gericht schließlich mit der Beurteilung der Sehergabe Irlmaiers und die Klärung der Frage, ob bei seinem Handeln eine strafrechtlich verfolgbare Gaukelei vorliegt, die die öffentliche Ordnung gefährden könnte.

Fazit des gerichtlichen Urteils: „... Demnach gibt auch das Auftreten des Angeklagten keinen Hinweis dafür, dass er ein Gaukler sei. Er hat im Gegenteil vielen Menschen während des Krieges geholfen die Nervenbelastung des Luftkrieges durchzustehen. Er hat ihnen uneigennützig in schwersten Stunden seelische Beruhigung verschafft, indem er zutreffend vorhersagte, welche Zeit besondere Gefahren mit sich bringe, welche Gegenden, ja welche Häuser besonders gefährdet seien und wie sich die Ratsuchenden verhalten sollten..." Der Seher von Freilassing wurde schließlich ohne Wenn und Aber von der Anklage freigesprochen.

Irlmaiers Voraussagen retteten viele Menschenleben

Die Voraussagen Irlmaiers retteten gerade gegen Ende des Zweiten Weltkrieges hin viele Menschenleben. So hatte er die Bombenangriffe der amerikanischen Streitkräfte auf Freilassing und Rosenheim mit größter hellseherischer Begabung vorausgesagt. „Du kannst in Deinem Häusl bleiben", sagte er. „Da passiert nix, bei Dir – an einen dritten Fragesteller gewandt – aber reißts alles weg bis auf den Keller. Und bei Dir druckt's nur die Scheiben ein." Die Freilassinger lachten zwar, befolgten aber dennoch seine Warnungen und sahen hinterher, dass sich Irlmaiers Voraussagen einmal mehr bewahrheitet hatten.

Noch phantastischer war seine Voraussage zum Einsturz des großen Luftschutzbunkers von Rosenheim gegen Ende des Zweiten Weltkriegs. „Wenn der Angriff kommt, geht nicht in die Mitte des Tunnels, da seh' ich einen großen Haufen Trümmer und Köpfe und Füße herausragen. An den Ausgängen seid ihr sicher, Leut'!".

Beim Angriff auf Rosenheim blieb die Mitte des Tunnels frei, bis ein Trupp deutscher Soldaten hereindrängte. „Unsinn", sollen die Soldaten geschrieen haben, als man ihnen Irlmaiers voraussagende Warnung erzählte. „Vorwärts – in die Mitte", soll einer der Soldaten sogar noch kommandiert haben. Als die Truppe aber gerade dort angekommen war, schlug eine Bombe ein, die dem Großteil der Männer den Tod brachte.

Voraussagen über einen dritten Weltkrieg

Irlmaiers Voraussagen eines dritten Weltkriegs sind die Dreh- und Angelpunkte, vor allem aber phantasievolle Deutungen, nicht autorisierte Ergänzungen und größtenteils auch „Dichtungen" über den Ausbruch eines dritten Weltkriegs von Leuten, die sich mehr oder weniger redlich mit Irlmaiers Vorhersagen decken. Seine Prophe-

Mit diesem Plakat lud die Volkshochschule Landshut im April 1950 zu einem Vortrag von Hauptlehrer Franz Stockinger, der aus Schönberg im Bayerischen Wald stammte, über seine Begegnungen und Erlebnisse mit Alois Irlmaier ein.

zeiungen knüpfen teils an die vom Bayerwald-Propheten Mühlhiasl an, der ebenfalls einen verheerenden dritten Weltkrieg vorausgesagt hatte.

Ob es den Mühlhiasl wirklich gegeben hat und es sich dabei um Matthäus Lang (*1753 in Apoing bei Hunderdorf, † 1805 in Zwiesel) oder um den Waldhirten Matthias Stromberger aus Rabenstein, der ungefähr um die gleiche Zeit gelebt haben soll wie Matthäus Lang, gehandelt hat, ist nicht geklärt und immer wieder Anlass zu sagenumwobenen Spekulationen.

Mühlhiasl soll einen dritten Weltkrieg als die Zeit der „Bankabräumer" bezeichnet haben. Er sah „rote Massen" über Cham und den Bayerwald hinweg an die Donau strömen und in ihrem Gefolge sollte alles vernichtet werden. Mühlhiasls seherische Warnung: „Wenn sie kommen, muß man davonlaufen, so schnell man kann, und als Mundvorrat Brot mitnehmen. Wer drei Laib Brot dabei hat und beim Laufen einen verliert, darf sich nicht bücken darum, so muß es schlaun (also schnell gehen!). Auch, wenn man den zweiten verliert, muß man ihn auch hintlaßn, denn man kanns auch mit einem Laib aushalten ohne zu verhungern, weil es nicht lang dauern wird."

Gegenüber dem Verleger Adlmaier äußerte sich Irlmaier im Jahre 1950 über den Zeitpunkt und die Dauer eines dritten Weltkriegs mit den Worten: „Zuerst wird der dritte Hochgestellte umbracht (Ghandi und Graf Bernadotte fielen bereits Mordanschlägen zum Opfer). Dann gehts über Nacht los. Es geht in drei großen Linien westwärts. Der unterste Heerwurm kommt über den Wald daher, zieht sich dann aber nordwestlich der Donau, um in gleicher Richtung wie die zwei anderen Heeressäulen dem Rhein zuzustreben. Es geht sehr rasch".

Überaus anschaulich schilderte Hauptlehrer Franz Stockbauer bei einem Vortrag im niederbayerischen Landshut am 12. April 1950 – nach einer seiner persönlichen Niederschriften – die Voraussage des dritten Weltkriegs durch Alois Irlmaier.

In der Ausgabe vom 12. April 1950 hat die „Landshuter Zeitung" darüber festgehalten. Irlmaier zu Hauptlehrer Stockbauer: „Es wird gar struppig komma. Vom Untersberg bis zum Wendlstoa passiert garnix. Da, wo die Muttergottes von Altötting ihren Mantl breit (ausbreitet), wird koam a Haar gekrümmt. I siach zwoa große Rudl Fliaga kumma, oans von Westen, des andere von Südwest. Von Ost'n her, da wimmelt's grad vo lauta Raup'n (gemeint Panzer), schier oanö dadruckt dö andere, so vui sans. De Leut in dene Raupn drinn sand alle tot, bis dann auf oamal bleims halt steh.

De Fliaga werfan Dinga runta, de san zwar gar net groß, doch hi is alles, wohi de fall'n. Koa Gwürm am Bod'n wird mehr leb'n, koa Graserl wird mehr sei. I siach de Mensch'n lieg'n, wie eahna 's Fleisch von de Knoch'n fallt. Oa Jahr ko neamand hi mehr dort, dad'n alle sterb'n.

Von da Doana (Donau) bis zur Nord- und Ostsee is a Graus'n. Vui Mensch'n sterb'n no, net an Colera, na, na, mia nennan's halt den schwarz'n Tod. Zwoa große Rudl Mensch'n kemman no umma über Doana (Donau) und rett'n sich bei uns, aber dös dritte Rudl Mensch'n kimmt nimma umma, a Ring legt se um eahna. Von dene bleibt koans mehr am Leb'n.

Bei uns südlich da Doana leb'n dann so vui Mensch'n, daß für koan mehr reicht. Da Hunga treibt de Stadtleut' naus auf's Land, de hol'n se dort was brauch'n ... gstohl'n und plündert werd' grad gnua.

Der Kriag (Krieg) dauert gar net lang, i siach ganz deitli an Dreia steh'. I woas net, sans drei Tag oder sans drei Woch'n. I kann's genau net sag'n. Konnst scho (an den Hauptlehrer Franz Stockhammer von Irlmaier die Rede gerichtet) in Landshut bleib'n. Doch rat i dir guat: mach drei Tag koa Fensta und koa Tür auf, dann überlebst die schwere Zeit ...

A großa Mo (Mann) werd plötzi sterb'n und dann hört der Kriag auf.

I siach an Hauf'n Soldat'n ziag'n vom Chiemgau her da rei nach Salzburg. De Mensch'n san ganz gelb, ma glaubt es san Chinesen und doch sans koa. De bringan niemand mehr um, nur stehl'n, ja stehl'n deans scho, was sie halt brauch'n zum Leb'n ...

A Staat im West'n kriagt de größte Revolution von alle Zeit'n, zwoa Dritt'l aller Menschen san tot. I siach a Stadt dort mit'm eisern Turm, de Stadt geht drauf, net aber durch'n Kriag, na durch de eigna Leut.

Da Papst verlaßt sei Stadt und geht nach West'n, dort wo a große Kirch steht am groß'n Wassa und wenn er wieda zruck kimmt, san von seine Leut nur sechs no da, denn a dort geht's drunta und drüba.

Nach dem groß'n Kriag kommt's Massensterb'n, Hungersnot und dann kommen a no de Flut'n. I siach a große Insel um England rum unter geh'n, i konn net sag'n wias hoaßst de Insel, aber seh'n tua i des guat."

Anonym bleibende Irlmaier-Deuter haben bereits ab dem Jahre 1950 immer wieder neue Termine für den Beginn eines dritten Weltkriegs fixiert und veröffentlicht, das anhand von sich aus der politischen Lage ergebenden Ereignisse und Entwicklungen. Letztmalig wurde für das große „Weltabräumen“ der 1. November 2015 genannt. Und weil es auch an diesem Tag in Europa nicht dazu kam, verkündete diese Unbekannten im Januar 2016 erneut, dass der Weltkrieg nicht mehr fern sei und der „Endzeit-Papst“ 2015 gesagt haben soll: „Dieses Weihnachten (2015) könnte das letzte gewesen sein.“

Und zudem: Dass alle Menschen nachvollziehen können, dass es sichere Irlmaier-Quellen geben soll, die Vorzeichen den nahenden Beginn eines dritten Weltkriegs anzeigen, werden Entwicklungen angeführt, die jeder nachvollziehen kann: großer Wohlstand, Abfall vom Glauben und Verfall der Sitten, Flüchtlingsströme in bislang unbekannten Maßen, Verlust des Geldwerts, Inflation und so weiter und so fort …

Fazit: Angst macht bekanntlich die Seele krank, so nicht nur ein Filmtitel. Doch zu den Aussagen von Irlmaier über den dritten Weltkrieg muss gesagt werden, dass Zeitzeugen, die mit ihm selbst gesprochen haben, feststellten, dass Irlmaiers Voraussagen sich nicht in erster Linie auf die politische oder gar weltpolitische Entwicklungen konzentrierten, sondern vor allem auf sein persönliches Umfeld mit seinen Ratsuchenden.

In diesem Buch sind vom Verfasser ja nur wenige Beispiele aufgezeigt, wie das seherische Erbe von Irlmaier verwertet wird, was ihm aber persönlich und seinen Prophezeiungen zugedichtet wird. Deshalb: Die Wahrheit über den großen Seher von Freilassing kann nur von den Zeugnissen jener Zeitzeugen, die ihn noch persönlich erlebten, als letztendlich Wahrheit über ihn und seine von ihm persönlich überlieferten Aussagen gewertet werden.

Nachher kommt die „guate zeit“

Im Gespräch mit dem Hauptlehrer Stockbauer heißt es dann weiter: „Aba nacher kimmt a guate Zeit, a anders Klima kriag mia a. Koan Winta wird's mehr geb'n bei uns und wachs'n tuat grad gnua. Vui Leut ziag'n jetzt dann über Doana (Donau), dort ob'n ist jetzt Platz grad gnua, sie bau'n sich Häuser wieder und Land hab'ns gnua.“

Für diese nach dem großen Krieg kommende „gute Zeit“ ist höchst interessant, was Irlmaier dazu noch vorausgesagt hat, obwohl es zu seiner Zeit noch keinerlei Diskussion um den Paragraphen 218 gab und Abtreibungen noch mit Gefängnisstrafen geahndet wurden. Irlmaier sagte nämlich in den fünfziger Jahren voraus: „Das Gesetz, das den Kindern den Tod bringt, wird wieder abgeschafft.“

Eine neue Donaumonarchie gemeinsam mit dem Freistaat Bayern

Irlmaiers „Gesicht“ soll des Weiteren verraten haben, dass die Donau-Monarchie wieder hergestellt werden würde. Denn: „Bayern, Österreich und Ungarn werd'n a Donaumonarchie, i siach den Monarch steh', dort hint'n in der Eck'n. Es ist ein alter, grauer und hagerer Mo, er wird vom Papst gekrönt, denn dea kommt wieda zruck.

I siach vo unt'n her auf der Doana (Donau) Dampfa ziag'n, ganz schwarze Wolk'n steig'n vom Kamin zum Himmel nauf, de bringa Sach grad gnua ...“

Die Frage von Franz Stockhammer danach, wann dies alles eintreten werde, blieb nicht aus. Stockhammer zu Irlmaier: „Alisi, was verstehst Du unter bald?“ Darauf antwortete der Seher: „I kann net sag'n genau de Zeit, auf oamal is halt da.“

Und diese Frage nach dem Wann des Beginns eines weiteren großen, verheerenden Kriegs beschäftigte auch Hellseher wie Augustinus Quack, der Verfasser des Werkes „Das apokalyptische Jahrhundert“, der das Endjahr der Apokalypse auf das Jahr 1998, Jeane Dixon auf das Jahr 1999, festlegte. Der nachfolgend zitierte Buchautor Adalbert Schönhammer kommt nach Auswertung aller möglichen seherischen Niederschriften, die teils bis ins Alterum zurückreichen, sogar zum Schluss und Hinweis auf ein „bemerkenswertes Datum“ für einen weiteren Kriegsausbruch: „Der Kriegsbeginn soll Ende April liegen. Das Jahr 1998 wird von mehreren Sehern als schicksalsträchtiges bezeichnet. Zu beachten ist aber, dass nirgends konkret gesagt wird, der dritte Weltkrieg würde am Ostersonntag des Jahres 1998 beginnen.“

Auf das Frühjahr legte sich auch der „alte Jasper“, ein kleiner Bauer und Seher namens Wessel Dietrich Eilert (1764–1833) aus Westfalen fest, wenn er zum Beginn dieses schrecklichsten Kriegsausbruchs aller Zeiten hinterließ: „Im diesem Jahr, wo der Krieg ausbricht, wird ein so schönes Frühjahr sein, daß im April die Kühe schon in vollem Grase gehen.“ Und auch von Irlmaier ist dazu überliefert: „Dem Krieg voraus geht ein fruchtbares Jahr mit viel Obst und Getreide.“

In dem von Adalbert Schönhammer im Jahre 1978 herausgegebenen Buch „PSI und der dritte Weltkrieg“ wird ebenfalls eine ausführliche Beschreibung Irlmaiers von einer kommenden kosmischen Katastrophe wiedergegeben: „Finster wird es werden an einem Tag unterm Krieg. Dann bricht ein Hagelschlag aus mit Blitz und Donner, und ein Erdbeben schüttelt die Erde. Dann geh nicht hinaus aus dem Haus. Die Lichter brennen nicht, außer Kerzenlicht, der Strom (elektrisch) hört auf. Wer den Staub einschnauft, kriegt einen Krampf und stirbt, mach die Fenster nicht auf, häng’ sie mit schwarzem Papier zu. Alle offenen Wasser werden giftig und alle offenen Speisen, die nicht verschlossen sind in Dosen, ebenso. Selbst Speisen in Gläsern sollte man nicht essen. Draußen geht der Staubtod um, es sterben sehr viel Menschen. Nach 72 Stunden ist alles vorbei. Aber nochmal sage ich es: Geh nicht hinaus, schau nicht beim Fenster hinaus, laß die geweihte Kerze oder den Wachsstock brennen und bete. Über Nacht sterben mehr Menschen als in zwei Weltkriegen ..."

In dem Zusammenhang gewinnt auch jenes Gedicht eines unbekannten Schreibers an Bedeutung, das vor über 120 Jahren in einer uralten Linde, die an einem Hohlweg zum Friedhof von Staffelstein gefunden wurde und als „Lied der Linde" seine Runde gemacht hat:

Winter kommt, drei Tage Finsternis,
Blitz und Donner und der Erde Riß,
Bet' daheim, verlasse nicht das Haus!
Auch am Fenster schaue nicht den Graus!
Eine Kerze gibt die ganze Zeit allein,
sofern sie brennen will, dir Schein.
Giftiger Odem dringt aus Staubesnacht,
schwarze Seuche, schlimmste Menschenschlacht.
Gleiches allen Erdgebor'nen droht,
Doch die Guten sterben selgen Tod.
Viel Getreue bleiben wunderbar
frei von Atemkrampf und Pestgefahr.

Wie ernst die Prophezeiungen Irlmaiers genommen wurden, beweist eine in der Süddeutschen Zeitung vom 4. Februar 1950 veröffentlichte Notiz, die unter der Ortsmarke Weiden, also der Stadt in der Oberpfalz, erschienen ist und in der die Angst vor dem Ausbruch eines weiteren verheerenden Krieges bereits fünf Jahre nach Ende des Zweiten Weltkriegs zum Ausdruck kommt: „Gerüchte über einen bevorstehenden Krieg sind nach Berichten der Landpolizei und des Landratsamtes im oberfränkischen Kreis Kemnath in einem noch nie dagewesenen Umfang verbreitet. Die erste Atombombe, so wird behauptet, werde auf dem amerikanischen Truppenübungsplatz Grafenwöhr fallen, nachdem festgestellt wurde, daß der Kirchenaltar der Ortschaft nicht nach Osten, sondern nach Norden zeigt und damit eine entsprechende Prophezeiung des Hellsehers Alois Irlmaier aus Freilassing für diesen Ort zutreffe."

Viele „Tauben", die von der Wüste her aufsteigen

Irlmaier sah nämlich so viele „Tauben" aufsteigen, die vom Wüstensand her kämen, dass er sie mit seinem zweiten Gesicht gar nicht zählen könne. Oberbayern sollte jedoch dank der Fürsprache der Muttergottes von Altötting verschont bleiben, das Hauptquartier am Truppenübungsplatz in Grafenwöhr, der auch heute noch als solcher existiert, aber sollte durch ein „schwarzes Kastl", das die „Tauben" abwerfen, also feindliche Flieger, völlig ausgerottet werden. Kein Mensch und kein Vieh sollte dort mehr leben können und selbst kein Grashalm würde sich mehr auf der Erdoberfläche zeigen.

Und in den persönlichen Aufzeichnungen Adlmaiers heißt es nach Aussagen des oberbayerischen Sehers weiter: „Sie fliegen dann ganz nauf, wo die dritte Heeresmasse reinkommen is, und schneiden alles ab. Dann werns alle umgebracht, hoam kommt koaner mehr von de drei Heereszüge. Da hebt sich das Wasser wie ein einziges Stück turmhoch und fallt wieder runter, dann werd alles überschwemmt. Es gibt ein Erdbeben und de groß Insel werd zur Hälft untergehen. Die ganze Sach werd net lang dauern, i siech drei Strich – drei Tag, drei Wochen, drei Monat, i woaß net genau, aber lang dauerts net!".

Auch nach Irlmaiers Tod blieben seine Voraussagen vor allem in Bayern nicht vergessen und auch im übrigen Deutschland glaubte man im Januar 1957 dem Beginn eines neuen Weltkriegs wieder nahe zu sein, als sich auch über Mitteleuropa in der Nacht vom 21. zum 22. Januar ein Nordlicht der besonderen Art zeigte. Solche Nordlichter sollen auch bereits vor dem Ausbruch des Ersten und Zweiten Weltkrieg zu sehen gewesen sein. Der Meteorologe Dr. Jurik Müller aus Halle erinnert sich daran wie folgt: „Da ein solches ‚Himmelsereignis‘ in unseren Breiten nur selten eintritt, dürfte sicher vielen, vor allem älteren Bürgern die Nacht vom 21. zum 22. Januar 1957 noch in Erinnerung geblieben sein, als eine der schönsten und eindrucksvollsten Polarlichtererscheinungen seit Menschengedenken in Mitteleuropa zu sehen war. Der nächtliche Himmel über unserem Land schien in ein einziges Flammenmeer verwandelt, wobei grünweiße Bogen mit intensiv roten, stark beweglichen Strahlenbündeln wechselten.“

Kriegsangst im Februar 1998

Was in diesem Zusammenhang in der jüngsten Zeit als überaus interessant erscheint, ist die Tatsache, dass im Februar 1998 angesichts der Kriegsgefahr eines amerikanischen Angriffs im Irak sich eine höchst seltsame Reisegesellschaft aus dem Irak für die Umgebung des Truppenübungsplatzes Grafenwöhr in der Oberpfalz interessierte. Die Iraker forderten vor allem auch Prospekte über Rad- und Wanderwege im Umkreis des Truppenübungsplatzes an. Da aufgrund dieser Aktivitäten Terroranschläge der Iraker auf diesen Truppenübungsplatz befürchtet wurden, verstärkte man die Wachen und schaltete das Landeskriminalamt ein.

Merkwürdig ist, dass Alois Irlmaier in seiner Vision „Tauben“, gemeint sind wohl Flugzeuge, aus den Wüstengegenden aufsteigen sah, obwohl in den fünfziger Jahren aus dem arabischen Raum für Europa keinerlei Kriegsgefahr zu befürchten war.

Im Februar 1998 nahm man dagegen die Kriegsgefahr und die Bedrohung aus der Wüste durch den Irak durchaus ernst, vor allem wegen der tödlichen Gift-Waffen, die man im Besitz des Iraks vermutete. Denn diese gelten als extrem lebensbedrohlich. Diese Kampfstoffe sind gasförmige, flüssige oder feste Substanzen, die in Bomben und Granten abgeworfen oder aus Flugzeugen versprüht werden können.

Einem Bericht der Deutschen Presseagentur zufolge bestand bzw. besteht der Verdacht (eine Meldung vom Februar 1998), dass der Irak Anthrax, VX-Gas und Senfgas besitzt.

Doch was verbirgt sich hinter diesen unheilvollen Namen?
Anthrax: Hinter dem biologischen Kampfgas Anthrax verbirgt sich der Bacillus anthracis, ein Milzbranderreger. Werden die Sporen der problemlos zu lagernden Bakterien eingeatmet, wird im Körper sofort das Anthrax-Toxin frei. Nach zwei bis drei Tagen treten erste Symptome auf, die einer gewöhnlichen Atemwegsinfektion ähneln. Später folgen hohes Fieber, Erbrechen, Gelenkschmerzen, Atemprobleme sowie innere und äußere Blutungen. Die Milz schwillt an. Oft tritt der Tod ein.
VX-Gas: VX ist das Codewort für ein hochgiftiges Nervengas, das nach dem Zweiten Weltkrieg als Kampfstoff entwickelt wurde. Es ist eine Phosphororganische Verbindung, die den lebenswichtigen Abbau eines Botenstoffs im Hirn (Acetylcholin) hemmt. Durch Atemlähmung und Herzstillstand kommt es zum Tod.
Senfgas: Schon im Ersten Weltkrieg wurde Senfgas oder auch Lost (nach dem deutschen Chemiker Lommel und Steinkopff benannt) eingesetzt. Dahinter verbirgt sich die Substanz Dichloräthylsulfid. Das krebserzeugende und erbgutschädigende Senfgas ist ein Zellgift, das meist tödlich wirkt.

Während Irlmaier das Senfgas und dessen verheerende Folgen vom Ersten Weltkrieg her ja bekannt war, konnte er von den beiden anderen Gift-Waffen nichts wissen, so dass er wohl mit dem Abwurf eines „schwarzen Kastls“ über der Oberpfalz nur eine Atombombe meinen konnte.

Adalbert Schönhammer hat bereits 1978 (!) – seiner Auswertung viele Voraussagen nach – in seinem Buch „PSI und der dritte Weltkrieg“ die erneute Kriegsgefahr so geschildert: „Den Auftakt bildet eine 25jährige Krisenzeit – beginnend mit der Ölkrise im Jahre 1973 –, in der nicht nur Wirtschaftskrisen, sondern auch Arbeitslosigkeit, Preissteigerungen und Inflation vorhergesagt sind. Rußland wird sich mit China verbünden, den Oberbefehl übernimmt Rußland. In dieser Zeit sind nicht nur Umstürze – Anmerkung des Autors dieses Buches: 1978 war das Ende des Kommunismus noch keinesfalls vorauszusehen! – und Revolutionen (Anmerkung: Sanfte Revolution in der ehemaligen DDR und in Tschechien) zu erwarten, sondern auch kriegerische Verwicklungen. Indien wird unterworfen, eine verheerende Ölkrise schließt sich an. Überraschenderweise beginnen in den Ostblockländern Christenverfolgungen, die aber auch auf Westeuropa übergreifen. Den Anfang macht die Bundesrepublik mit einem blutigen Umsturz, der aber gottlob nur ein bis zwei Monate dauert, dann kommt ein strenger Herrscher an die Regierung …

Die Kriegshandlungen beginnen im Nahen Osten, eine gewisse Zeit kann der Konflikt lokal begrenzt werden. Doch urplötzlich bricht der dritte Weltkrieg los, überraschend rattern über Nacht massierte Panzerverbände los. Drei Panzerkeile werden in westliche Richtung durch die Bundesrepublik, einer durch Oberitalien getrieben, sie kommen erst am Atlantik zum Stehen. Weitere Angriffe richten sich gegen Skandinavien, vom Fernen Osten sogar gegen Kanada und die USA!" Soweit also Schönhammers „seherische Zusammenfassung" über den Ausbruch eines dritten Weltkriegs.

Die Überproduktion vorausgesagt

Zwei von Irlmaiers Voraussagen kommt gerade zum Ende dieses Jahrtausends eine große, weil glaubwürdige Bedeutung zu: der Überproduktion in der Landwirtschaft und der weltweiten Klimaerwärmung. Niemand konnte in der Nachkriegszeit nur ahnen, in der Butter rar und verhältnismäßig teuer war, dass einmal sogar Butterberge entstehen könnten – und das in ganz Europa. Irlmaier sagte nämlich voraus, dass die Bauern ihre Butter vom Markt wieder heimtragen müssten. Doch er nahm zur damaligen Zeit an, dass die Bevölkerung dafür nicht das Geld aufbringen könnte.

Nur allzu recht hatte er mit seiner Voraussage aber: „Zu essen gibts genug, es kann sein, daß wir schon in eine Zeit hinein kommen, daß bei uns überhaupt kein richtiger Winter mehr kommt. Ich sehe in späterer Zeit Weinberge und Südfrüchte bei uns wachsen, ob ihr es glaubt oder nicht."

Doch in den fünfziger Jahren dieses Jahrhunderts wurde Irlmaiers Prophezeiung von der Klimaerwärmung und des revolutionären Klimawechsels so gedeutet, als würde infolge einer Atomexplosion im Ärmelkanal der Golfstrom überschwappen und in der Folge davon das kontinentale Klima verändern.

Irlmaier als treffsicherer Wetterprophet

Wie treffsicher Irmaiers Voraussagen auch hinsichtlich seiner klimatischen Äußerungen waren, dafür gibt das Jahr 1950 ein Beispiel, das der Seher von Freilassing als ein überaus trockenes und sonnenreiches Jahr angekündigt hatte. Um dies zu überprüfen, haben wir die Berichte des Deutschen Wetterdienstes von der Wetterstation am Hohenpeißenberg herangezogen. Dieses von den Augustiner Chorherrn gegründete Observatorium kann als einzige Bergstation der Erde eine 200-jährige Geschichte nachweisen und gilt daher als absolut zuverlässig. Der Aufschreibung dieser Wetterstation zufolge erreichten die mittleren Monatstemperaturen im Juni und Juli des Jahres 1950 einen Wert von 16,3 bzw. 17,3 Grad und das Jahresmittel 7,1 Grad. In sogenannten kalten Jahren werden im Juni 13,7 und im Juli nur 15,2, im Jahresmittel 5,2 Grad gemessen. Und die Höchsttemperaturen (im Schatten) schlugen 1950 sogar mit 31,8 Grad zu (Wetter)buche.

Die Sonne schien in diesem von Irlmaier vorausgesagtem heißen Jahr insgesamt – für den Raum Oberbayern gesehen – 1907 Stunden, während zum Beispiel das Jahr 1980 als sonnenarm galt und die Sonne nur an 1567 Stunden unter der Wolkendecke hervorlugte. In Grenzen hielt sich, also ein weiterer Beweis für ein trockenes Jahr, die Niederschlagsrate mit nur 955,1 Millimetern, während es zum Vergleich das Jahr 1965 auf die eineinhalbfache Menge (1504 mm) brachte. Nur im Jahrhundert-Sommer 1947 gab es mit 867,4 Millimetern noch weniger Niederschläge.

Irlmaiers legendäre Erfolge der Hellseherei

Der Traunsteiner Giftmord und dessen Aufklärung

Gerichtsverhandlung in Traunstein: Angeklagt ist P. K. wegen Giftmordes an Erhard Vogel. Vogel war als Kaufmann mit vielen anderen nach dem Zusammenbruch des Dritten Reiches und der folgenden Kriegswirren aus Berlin nach Traunstein gekommen und hatte dort ein pharmazeutisches Geschäft eröffnet. Von seiner Frau war er in Berlin nach einem Bombenangriff getrennt worden. In Traunstein entwickelte sich zwischen ihm und seiner Angestellten K. ein Liebesverhältnis.

Nach einem Ausflug in die Berge erkrankte Vogel ganz plötzlich, weil er angeblich in erhitztem Zustand aus einer kühlen Bergquelle getrunken hatte. In Adelholzen trat jedoch bald eine Besserung ein. Nach einem Besuch seiner Angestellten und zugleich Geliebten erlitt er jedoch einen neuerlichen schweren Rückschlag, den sich selbst die Ärzte nicht erklären konnten.

Wie es der Zufall wollte, hatte gerade zu dieser Zeit völlig unerwartet Vogels rechtmäßige Gattin den Traunsteiner Aufenthalt ihres rechtmäßig angetrauten Gatten ermittelt und zeigte sich untröstlich über dessen Schicksal. In ihrer Not wandte sie sich an Alois Irlmaier mit der Bitte um Hilfe und Auskunft, wie man denn ihrem Mann helfen könnte.

Doch Irlmaiers Rat fiel beängstigend für sie aus, als er ihr antwortete: „Du brauchst keine Angst zu haben, du tust gar nichts, denn dein Mann stirbt bald."

Vogel starb am 25. Januar 1948. Er wurde begraben und niemand hätte wohl an eine unnatürliche Todesursache zu deuteln versucht, wenn nicht die Gattin Vogels durch die Tatsache stutzig gemacht worden wäre, dass ihr Mann die Angestellte K. als Vollerbin in sein Testament eingesetzt hatte. Deshalb suchte sie Irlmaier ein weiteres Mal in Freilassing auf. Irlmaier war jedoch Vogels Tod nicht bekannt. Als ihm die Witwe das Bild des Verstorbenen zeigte, sagte er kurz wie lakonisch: „Dein Mann ist im Grab und hat im Bauch eine Menge Gifttabletten drin. Und wenn ihr ihn ausgraben laßt, erfahrts noch mehr. Dreimal ist es ihm passiert und da ist eine große Schwarze dabei, die hat es ihm gegeben."

Diese Auskunft ließ die Witwe nicht mehr ruhen. Sie alarmierte Polizei und Staatsanwaltschaft, die schließlich dann Vogels Leiche exhuminieren ließ. Das Resultat dieser gerichtlichen Untersuchung: Es konnte soviel Arsen im Körper des Toten festgestellt werden, dass sogar die Erde unter dem Sarg von dem Gift durchsetzt war. Bei der folgenden Schwurgerichtsverhandlung wollte zwar der Verteidiger der Giftmörderin Irlmaiers Hellseherei ins Lächerliche ziehen, was jedoch schließlich der Gerechtigkeit und der damit verbundenen Strafe keinen Abbruch mehr tun konnte.

Polizei fuhr mit „gestohlenem Wagen“ zu Irlmaier

Doch das ist nur einer der vielen Fälle, bei dem Irlmaier der Polizei wie dem Gericht eine hilfreiche, ja entscheidende Stütze gewesen ist. Er hatte die Gabe, dass er den Polizisten auch Orte nennen konnte, an denen Ermordete verscharrt wurden. So ist bei ihm wieder mal ein ziviles Auto vorgefahren, das von Kripobeamten gesteuert wurde. Irlmaier habe die Polizisten nicht gerade freundlich empfangen, schildert der Verleger Adlmaier den Vorfall, weil er den Polizisten nach dem gegenseitigen Gruß gleich vorhielt: „Was wollt ihr denn bei mir mit euerem gestohlenen Wagen“. Die Kripo-Beamten wussten zwar nicht gleich, was Irlmaier mit seiner aufbegehrenden Frage aussagen wollte, später stellte sich jedoch heraus, dass das Auto von der Staatsgewalt unrechtmäßig seinem Besitzer enteignet worden war.

Der Mörder marschierte im Leichenzug mit

Doch darum ging es den Polizisten bei ihrem Besuch eigentlich nicht. Die Kriminaler suchten Irlmaiers Rat, um einen Mord aufklären zu können, bei dem jedoch die Leiche nicht auffindbar war. Irlmaier half. Er sagte ihnen nicht nur, wo sie die Leiche finden konnten, sondern ergänzte seine Aussage auch noch damit, dass der Ermordete eine silberne Platte in seinem Bauch habe. Die Polizei wurde aufgrund Irlmaiers Hilfe fündig und auch die silberne Platte sollte sich finden: Bei der Sezierung fand sie sich unter dem Bauchfell.

Sogar bis Stuttgart hatte sich die seherische Hilfe Irmaiers bei Kriminalfällen herumgesprochen. Daran entsann sich ein Mann, dem man den Mord an seiner Frau anlastete. Der so bedrängte Gatte beteuerte aber immer wieder seine Unschuld, sodass sich der Untersuchungsrichter entschloss, Irlmaier um Rat zu fragen. Gesagt, getan. Drei Polizisten machten sich auf nach Freilassing, der Verdächtige musste jedoch vor dem Hause Irlmaiers warten. Die Polizisten legten dem Brunnenmacher ein Bild des Ehepaares vor mit der Frage, ob denn der abgebildete Mann der Täter sei. Irlmaier besann sich nicht lang und sagte zu den Polizisten: „Na, na, der hats nicht umgebracht, des war ein anderer, teats mir des andere Bild her, des ihr noch dabei habt!"

Verblüfft über diese Antwort rückte einer der Kriminaler ein von den Polizisten aufgenommenes Foto vom Leichenzug bei der Beerdigung der ermordeten Gattin heraus. Irlmaiers Augen blitzten auf und deuteten auf einen am Leichenzug teilnehmen Mann: „Der da is' gwen, der hats umbracht. Er hat ihran Schmuck gstohln, an Ring und an Photoapparat, aber den hätts scho rausbringa können, ihr habt's ja a Schreiben daheim, da stehts drauf. Der hat einer anderen Frau was gschenkt von dem gstohlnen Zeug, zu dera gehts hin, dann erwischts denn Richtigen".

Die Beamten kehrten daraufhin eilends nach Stuttgart zurück und fanden alles so, wie es Irlmaier vorausgesagt hatte. Der am Leichenzug seines Opfers teilnehmende Mörder wurde gestellt und nach seinem Geständnis verurteilt.

Brutaler Banditenmord

Ein Züricher Bankdirektor war das Mordopfer zweier Banditen geworden. Und nachdem sich Irlmaier zu dieser Zeit gerade in der Schweiz aufhielt, wo er nach einer Wasserader für ein Turbinenkraftwerk suchte und auch fand, entschloss er sich, der Züricher Polizei zu helfen. Über eine schweizerische Mittelsperson ließ er den Polizeibeamten eine höchst genaue Täterbeschreibung zugehen, die es schließlich ermöglichte, weil er auch den Aufenthaltsort der beiden Mörder zu nennen wusste, sie zu ergreifen und zu verhaften. Ihr Geständnis führte sie schließlich der verdienten Strafe zu.

Falscher Verdacht – geständiger Dieb

Auch in Oberfranken wusste man den Rat Irlmaiers und seine profunde Hellseherei zu schätzen. So kam in den fünfziger Jahren eine Frau aus dem Fränkischen ins Oberbayerische angereist, der ein für die damalige Zeit respektables Vermögen von rund 8000 Mark gestohlen worden war. Obwohl sie eine Frau als Diebin verdächtigte, konnten weder die Bestohlene noch die Polizei den Diebstahl klären. Doch Irlmaier, kaum hatte er die Frau, die ihn besuchen kam, gesehen, sagte: „Dein Geld hat nicht die Frau gestohlen, sondern ein Mann." Und jenen Dieb und Einbrecher konnte Irlmaier genauestens beschreiben. Er gab der Bestohlenen den Rat: „Jetzt fährst heim und sagst es dem Dieb auf den Kopf zu, dann kriegst Dei Geld wieder." Gesagt, getan. Die Frau stellte die „diebische Elster", forderte ihr Geld zurück und bekam es auch. Weil der Täter eine große Familie zu ernähren hatte, verzichtete die bestohlene Frau auf eine Anzeige bei der Polizei.

Die entlarvten Reifendiebe

Vier Lkw-Reifen hatte man ihm des nachts abmontiert und gestohlen und obwohl der Bestohlene eigentlich nicht den „Schwindel" der Hellseher glauben wollte, machte er sich mit seinem Schwager auf zu Alois Irlmaier, den er bis dahin nicht kannte.

So konnte Irlmaier auch nicht wissen, mit wem er es zu tun hatte und was der ihm unbekannte Besucher von ihm wollte. Doch als Irlmaier ihn angesichtig wurde, begrüßte er ihn gleich mit den Worten: „Dir hat man an Deinem Lastwagen die Reifen abmontiert. Vier sind's! Und wenn sie nicht gestört worden wären, hätten sie die restlichen auch noch mitgenommen. Ich sehe den Wagen stehen in einer Sandmulde, warum hast du den Wagen nicht in der Garage? Er steht auf drei Füßen ganz unten am Boden. Ein umgebauter Personenwagen war es, der Deine Reifen fortbrachte. Von der Leite her ist der Diebeswagen angefahren und nicht von der Straße, wo nach Spuren gesucht wurde.“

Irlmaier wusste auch in diesem Fall die Täter selbst genau zu beschreiben: „Der eine ist ein Steierer (also ein Mann aus der Steiermark). Kriegen tust du deine Reifen nicht mehr. Einen hat er vertauscht gegen Lebensmittel, die andern liegen unterm Heu in einem Stadel versteckt. Mit diesen können die Diebe nicht viel anfangen, sie sehen nur äußerlich gut aus, taugen aber nicht mehr viel. Beim Reifen vom linken Hinterrad hast du einen Steindurchschlag."

Alles stimmte und es kam auch alles so, wie es Irlmaier mit seinem „zweiten Gesicht“ sah.

Auch Pater Norbert Backmund vom Kloster Windberg bei Bogen hat in Irlmaier einen der großen Seher unseres Jahrhunderts ausgemacht und sich ausgiebig mit dessen Hellseherei beschäftigt und in seinem Buch „Hellseher schauen in die Zukunft“, das in bereits mehreren Auflagen im Morsak-Verlag in Grafenau/Niederbayern erschienen ist, gleich mehrere Beispiele aus dem seherischen Leben Irlmaiers aufgezeichnet. Die Geschichte vom „neuen Wintermantel“, hat Pater Norbert Backmund wie folgt aufgezeichnet:

Ein oberbayerischer Bauernbursch dachte sich, dass er vom Alois erfahren könne, wo die zwei Militärdecken geblieben sind, die man ihm gestohlen hatte. Um Irlmaier als „Auskunftei“ zu entlohnen, packte er ein Trumm Geselchtes in seinen Rucksack und ging mit einem Kameraden zu Irlmaier. Der saß gerade im Wirtshaus vor einer Halben Bier. „Irlmaier, mir hamms was gstohln“ – „Ja, ja, sitz die nur her“, sagte der Alois. „I woaß scho, des hast in dein Kasten drin ghabt, links unten is des Packl glegn. Du bist beim Tanzen gwen, dann bist mit einer fort, und wie du heimkommen bist, hast in dein Kastl neigschaut und festg'stellt, daß dös Packl fort war. Aber dös krieagst nimmer. Du hast's selber hintenrum erworben, und die schwarze Kloane (gemeint ein schwarzhaariges Mädchen), die wo diers gstohl hat, über die derfst nix sagn, du weißt schon warum. Und dein Geselchtes derfst auch wieder mitnehmen, des is vo der schwarzen Sau, von der die Hälfte in eurem Keller hängt. Du und dei Vater, ihr seids erstklassige Schwarzhändler! Die zwoa Decken san überhaupt scho beim Färbn in Salzburg, da laßt sie de Kloane an Wintermantel davon macha. Also halts Mäu (den Mund) und geh wieder! Pfüat De!" – Der mit diesen Vorwürfen brüskierte Schwarzhändler sagte kein Wort mehr, bekam wohl einen roten Kopf wie ein Zündholz, warf das Geselchte auf den Wirtshaustisch und verschwand.

Die geizige Bäuerin

Alois Irlmaier hat wohl jegliche Unwahrheiten gehasst, vor allem aber dann, wenn man ihn persönlich hinters Licht führen wollte. Eines Tages kam wieder mal eine Bäuerin in die bescheidene Behausung Irlmaiers und fragte ihn um einen Rat und eine hellseherische Auskunft, welche nicht überliefert ist. Das Gespräch, das sich dabei zugetragen hat, endete mit folgendem Dialog. Als die Bäuerin die Auskunft erhalten hatte, fragte sie den Hellseher nach ihrer Schuldigkeit. Dieser antwortete ihr jedoch großzügig: „Du bist ma nix schuldig". Sichtlich erfreut über die Großzügigkeit antwortete sie: „Danksche, ist eh guat, weil i eh koa Geld dabei hob." Darauf antwortete Irlmaier mit einer weiteren Hellseherei: „Paß fei auf, daß Du Deinen Hundertmarkschein, den Du in Deine Tasch'n drinnen hast, net verlierst." Damit traf Irlmaier ein weiteres Mal den Nagel auf den Kopf, deckte eine Lüge auf, die die Bäuerin erröten und schleunigst das Weite suchen ließ.

Den Tod voraussehen

Oft konnte Irlmaier nicht umhin, selbst, wie man in Bayern sagt, Pumperlgesunde mit ihrem frühzeitigen Tod zu konfrontieren. Als ihn einmal ein zechfreudiger Mann an den Tisch einer lustigen Stammtischgesellschaft einladen wollte, und ihm von dem Zecher angeraten wurde, er sollte sich lieber zu ihnen setzen und nicht so düster dreinschauen, antwortete ihm Irlmaier nachdenklich: „I moan allaweil, in drei Tag'n ist dir's Lach'n verganga, da wirst nimma leben". Der mit dieser Todesvorhersage konfrontierte ältere Mann erschrak zwar obgleich dieser düsteren Prophezeiung, fing sich jedoch gleich wieder und sagte zu Irlmaier: „Ich glaubs net, ich fühl mich kerngesund und hoff' noch recht lang' zu leb'n". Irlmaier ließ ihn bei diesem Glauben, zahlte, stand auf und ging. Doch Irlmaier sollte recht behalten. Den fröhlichen Zecher rief am dritten Tage unerwartet der Gevater Tod. Ein Schlaganfall setzte seinem Leben ein urplötzliches Ende.

In der Tischrunde saß der vom Tod bedrohte

Überliefert ist auch eine andere Todesvorhersehung, als Irlmaier sich einmal bei einer Familie in Salzburg aufhielt und plötzlich ganz still wurde und dem Familienkreise sagte, dass einer von ihnen bald sterben würde. Irlmaier: „Ich sehe einen am Boden liegen. Er hat etwas am Unterleib und wird daran sterben".

Daraufhin folgte natürlich das Rätselraten, wer denn der Unglückliche sein könnte und vermutete in der Folge davon, dass es ein an Magengeschwüren leidender Verwandter sein könnte. Doch weit gefehlt. Einen Monat später wurde ein anderer Mann der Verwandtschaft von einem störrischen Pferd mit dem Hinterhuf in der Bauchgegend getroffen, was ihn innerlich so schwer verletzte, dass er daran starb.

Der Blick über den Großen Teich

Doch dies war keineswegs das letzte Mal, dass Irlmaier mit seinem Zweiten Gesicht Todesnachrichten voraussah. Als ihn wieder einmal ein Soldat der US-Armee besuchte, was in der damaligen Besatzungszeit keine Seltenheit war, sah er die Frau seines Besuchers auf dem Totenbett liegen, obwohl dessen Frau in Übersee gelebt hatte. Zugleich deutete Irlmaier dem amerikanischen Soldaten an: „In deinem Haus sitzt einer, der will dich um Hab und Gut bringen. Er sinnt Tag und Nacht darüber nach, wie er in den Besitz deines Hauses kommen könnte. Fahr'so bald als nur möglich heim, ehe es zu spät ist".

Die Todesnachricht aus den Vereinigten Staaten ließ nicht lange auf sich warten. Und Irlmaier sollte auch bei seiner übrigen Aussage recht behalten. Als nämlich der amerikanische Soldat unmittelbar danach in seine Heimat flog, musste er feststellen, dass sein Schwager ihn für unzurechnungsfähig erklären lassen wollte, um so in den Besitz seines Hauses zu kommen.

Einem Mann wie Irlmaier wurde auch viel angedichtet, viele machten sich lustig über ihn, die an Hellseherei einfach nicht glauben wollten. Man machte trotz seiner Ehrlichkeit und Hilfsbereitschaft Witze über ihn, die auch in Zusammenhang mit dem Besuch von amerikanischen Soldaten standen. So erzählte man sich an Wirtshaustischen bis ins Niederbayerische hinein folgende unwahre Anekdote. Wieder einmal wollte ein US-Soldat wissen, wie es seiner über dem Großen Teich lebenden Ehefrau so ginge und ob sie ihm auch trotz dieser langen Abwesenheit im Feindesland auch die Treue halte. Darauf hin soll Irlmaier ein „Tischerl" befragt haben, was ja nicht zu seinen wahrsagerischen Spezialitäten zählte.

Als Irlmaier das „Tischerl" nach der Treue der Amerikanerin zu ihrem Mann befragte, soll es urplötzlich umgefallen sein und die Stuhlbeine nach oben hin von sich gestreckt haben. Zu allem Überfluss, so dieser Wirtshauswitz, habe sich in der Folge davon auch noch die Schublade aus und ein bewegt, was die Untreue der Frau unterstreichen sollte.

Auskünfte zum Liebesleid

Natürlich wurde Irlmaier auch von Leuten befragt, die Liebeskummer hatten. So kam mal ein Mädchen vom Ammersee nach Freilassing in ihrer Liebesnot zum Hellseher, um ihn um Rat für ihr künftiges Liebesleben zu befragen. Ohne ihre Geschichte zu kennen, sagte Irlmaier ihr auf den Kopf zu: „Du hast von einem schlechten Kerl ein Kind. Da und da bist Du mit ihm beisammen gewesen. Zweimal hast Du ihm sogar Geld gegeben. Laß den schlechten Kerl laufen. Dein Vater ist ein Müller. Euer Haus steht am Wasser, drüber der Straße ist ein stinkender Wassergraben. Wenn Du heimkommst, so sag' deinem Vater, er soll den Graben drainieren und das Wasser in Rohre leiten. Das ist besser für euch alle. Deine Mutter ist eine alte Frau, die hat am Bauch ein Gewächs (Tumor). Sie soll sich operieren lassen, und dann braucht ihr keine Angst mehr zu haben, sie hält's leicht aus und wird wieder ganz gesund. Vor der Verabschiedung ermahnte er das Mädchen, das vor lauter Aufregung einen Schweißausbruch erlitt, nochmals, sie möge künftig nicht mehr so dumm und leichtfertig im Umgang mit Männern sein.

„Du heiratest eine andere"

Mit diesen Worten ist eine Begebenheit überschrieben, die der Verleger Dr. Adlmaier in seinem 1950 erschienen Büchlein „Blick in die Zukunft" aufgezeichnet hat. Dr. Adlmaier schreibt: „Ein Geschäftsmann, dessen Frau erkrankt war, fragte den Hellseher um Auskunft. Der sagte ihm: ‚Fahr heim, Deine Frau stirbt in drei Wochen. Aber in einem Jahr kommst schon mit der Zukünftigen daher!' Tatsächlich starb die Frau.

Als der Witwer nach einem Jahr wieder zum Irlmaier kam, stellte er ihm seine Zukünftige vor. Der Alois lachte nur und sagte: ‚Ihr zwei kommt nicht zusammen, du heiratest eine andere.‘ Es kam wie es Irlmaier kommen sah. Die beiden fingen zu streiten an und der Betreffende heiratete eine andere, obwohl das Aufgebot für die erste Frau schon beantragt war.“

Auf der seherischen Suche nach vermissten Soldaten

Selbst die seriöse Süddeutsche Zeitung befasste sich zu Beginn der fünfziger Jahre des Öfteren mit den Voraussagen von Irlmaier, die gerade auch zu jener Zeit sehr gefragt waren, als viele deutsche Soldaten noch in Gefangenschaft waren.

Die Süddeutsche Zeitung stellt die hellseherische Gabe Irlmeiers selbst in den verzwicktesten Fällen keinesfalls in Abrede, sondern schrieb Ende der vierziger Jahre dieses Jahrhunderts in einem ihrer Artikel: „Es ist kein Zweifel darüber, daß Irlmeiers Hellsehen oft von geradezu frappanter Treffsicherheit ist. Von Gefallenen, deren Todesursache und Hergang beim Tode den Angehörigen bis ins letzte durch Briefe und Aussagen von Kameraden bekannt war, schildert er den Vorgang bis ins Detail genau nur beim Betrachten der Bilder.

Bilder von Vermißten, die ihm wiederholt vorgelegt wurden, sagte er auch nach langen Zwischenzeiten auf das Haar genau immer das gleiche. Dabei ist er von ursprünglicher Natürlichkeit. Als ihn eines Tages eine elegante Dame aus Salzburg besuchte, um zu erfahren, ob ihr Mann noch lebe, schilderte er genau das Aussehen des Mannes, seine kleine dicke Statur und sogar das schwarze ‚Kapuzinerkappel‘, eine besondere Spezialität des Gesuchten vergaß er nicht. Vor dem Abschied von dieser Dame konnte er sich auch eine kleine ‚Freundlichkeit‘ nicht verkneifen und sagte zu seinem Gast, also an die Dame gerichtet: ‚… und einen Loder (einen Geliebten) hast auch noch.‘ Letztere Hellseherei war dieser Dame sichtlich nicht angenehm.

Und einer Rosenheimerin, die wieder heiraten wollte und deren Mann vermißt ist, ließ er bestellen: „Dös Mistvieh soll warten, der (gemeint ihr in Kriegsgefangenschaft vermißter Mann) kommt wieder.'"

Im dem ausführlichen Bericht der Süddeutschen Zeitung heißt es dann weiter: „Daß es natürlich viele Unvernünftige gibt, die Irlmeier die Zeit wegstehlen, ist in unseren Tagen weiter nicht verwunderlich. So fragte ein Beamter nach dem Grund, warum er nicht zum Oberregierungsrat gemacht worden ist (Irlmeier: Hat der Sorgen!), andere wollten wissen, ob sie den richtigen Hochzeiter gewählt haben, als ob sie das nicht rechtzeitig genug erfahren würden, und wieder andere fragten nach dem Ausgang des Scheidungsverfahrens. Irlmeier möchte vor allem bei Fragen nach Vermißten helfen. Aber die Leute, die ihn deshalb fragen wollen, müssen Geduld haben. Noch heute (also Ende der vierziger Jahre) warten 1500 ungeöffnete Briefe in der Schublade und täglich umlagern viele Leute Irlmeiers Haus vergeblich."

Eigentlich brauchte Irlmaier beim Wassersuchen keine Wünschelrute oder einen Draht, sondern er streckte nur die Hände aus, die beim Auffinden einer unterirdischen Wasserquelle zu „wurrlen" begannen, die Adern anschwellen und seinen Blick seherisch werden ließen.

Gesundheitsbedrohliche Wasseradern

Lange Zeit vergessen, in den achtziger Jahren dieses Jahrhunderts aber da und dort wieder entdeckt, wurde eine der wichtigsten Gesundheitsvorsorgen, wenn man sich anschickt, ein eigenes Dach überm Kopf zu bauen, das Suchen von Wasseradern. Von den Altvordern ist in Altbayern wie auch im Alpenländischen überliefert, dass Häuslebauer in spe bei der Suche nach einem Bauplatz sich zugleich einen Wassersucher bzw. Wünschelruf mit auf den Weg nahmen. Zum einen gab es ja in Dörfern und Einöden größtenteils bis 1960 noch keine öffentliche Wasserversorgung, sodass man sich einen eigenen Brunnen erschließen musste, zum andern wollte man das Haus selbst auf keiner Wasserader gebaut wissen, da von dieser überaus gesundheitliche Schäden ausgehen könne. Sicherlich reagiert nicht jeder Mensch gleich auf solche unterirdisch verlaufenden Quellen. Doch gesundheitlich sensible wie kränkelnde Menschen haben darunter oft schwer zu leiden.

Nur: Wünschelrutengänger kann nur der werden, der selbst ein gesundes Herz und die körperliche Robustheit für die Ausführung dieses Berufs hat. Von Irlmaier wird erzählt, dass er einmal Besuch von einem oberbayerischen Bahnbeamten bekam, der ihm vorjammerte, dass seine Frau immerzu kränkle und die Schulmediziner nicht wüssten, wie man der Frau helfen könnte. Irlmaier ließ den Fragesteller gar nicht erst zu Wort kommen, sondern beschrieb ihm nicht nur dessen Bleibe, sondern auch anschaulich, dass eine Wasserader unter seinem Haus verlaufe und vor allem das eheliche Schlafzimmer tangiere.

Zu Hause angekommen, wechselte er gemeinsam mit seiner Frau das Schlafzimmer, zog also in einen anderen Raum um. Eine Schwägerin, die an Irlmaiers Hellseherei nicht glauben wollte, nahm das gesundheitsschädliche Schlafzimmer in Beschlag. Doch es dauerte nicht lange, bis auch sie über Schlafstörungen und über alle möglichen Krankheiten klagte, die sie bis dahin nicht kannte.

Einige Zeit später kam schließlich Irlmaier persönlich in das Haus, griff zur Wünschelrute und zeichnete den Verlauf der Wasserader mit Kreidestrichen auf den Boden.

Frappierend aber auch ein anderer Rat, den der Alois diesen Hausleuten gab. Laut Aufzeichnungen dieses Bahnbeamten soll sich bei

Irlmaiers Besuch noch folgendes zugetragen haben. Irlmaier sagte zum Hausherrn: „Du hast einen Kühlschrank, den du alle Augenblicke reparieren lassen mußt und in dem die eingelagerten Sachen verderben. Und du hast auch eine Klingelanlage mit Batterie. Diese Batterien sind nach kurzer Zeit stets leer und du mußt stets einen Elektriker kommen lassen. Da schau her: Dein Eisschrank steht direkt über der Wasserader und die Klingelleitung nebst Batterie genau so. Und wenn ihr das Bett von der Schwägerin nicht woanders hinstellt, muß sie noch ins Krankenhaus."

Alle Ratschläge Irlmaiers wurden befolgt. Das war gut so, denn die Schwägerin gesundete wieder und Kühlschrank wie Hausklingel funktionierten künftig ohne jeglichen Probleme.

Ein Wassersucher, aber kein Ölsucher

Die Kunde vom hellseherisch begabten Wassersucher drang schließlich bis nach Amerika. In Übersee wollten ihn sogar die großen Ölmagnaten zur Suche neuer Ölquellen einspannen, was Irlmaier aber rundwegs ablehnte. In einem Zeitungsbericht ist über solche Absagen festgehalten, dass Irlmaier dies „mit einer nicht minder deutlichen, urbairischen Sprache" getan habe.

Anders dagegen und echt hilfsbereit zeigte sich Irlmeier, als in den Nachkriegsjahren die Oberin eines Klosters in Argentinien zu Besuch in ihrem Mutterhaus in Oberbayern weilte. Sie und ihre Mitschwestern in Südamerika waren vor allem über die ihr Kloster plagende Wassernot in höchster Sorge. Trotz aller möglichlichen Grabungen im Umkreis des Klosters wollte sich keine Quelle finden lassen. In dieser Wassernot besann sich der Orden der Fähigkeiten des Freilassinger Brunnensuchers. Ihm wurde eine Skizze des Klosters vorgelegt. Der Hellseher ließ seine Finger über die Karten gleiten, hielt plötzlich inne und zeigte auf einen gewissen Punkt, an dem sich Wasser finden ließe, wie er den Ordensfrauen versicherte. Die Quelle sollte sich von einem Hang unweit des Klosters unterirdisch ungenutzt ins Erdreich ergießen.

Nachdem die Oberin nach langer Schiffsreise wieder in ihrem Kloster angelangt war, ließ sie sofort an der von Irlmeier bezeichneten Stelle Grabungen durchführen – das mit größtem Erfolg und das Dankschreiben an Irlmaier ließ nicht lange auf sich warten.

Deutschlandweit im Fokus der Presse

Zu seinen Lebzeiten und auch nach der Jahrtausendwende stand und steht Alois Irlmaier deutschlandweit noch immer im Fokus der Presse. So berichtete „Der Spiegel" bereits am 26. September 1948 unter der Überschrift „Er sah, was er sagte" über das Wirken Irlmaiers. Zu würdigen ist, dass man selbst von diesem großen Magazin ihn nicht in die Ecke des „Gauklertums" schob, sondern ihn besuchte und der Spiegel-Journalist objektiv darüber schrieb: „Die Unterhaltung geht über das geschlossene Tor hinweg. Sie bewegt sich nur am Rande. Daß er die Wasseradern ohne Wünschelrute mit dem Körper aufspürte und die Mineralquellen von Bad Schachen entdeckte, daß er ‚Gesicht' habe, daß man ein Bild mitbringen müsse von einem Gesuchten, und daß es am besten bei zunehmenden Mond gehe.

Das Hellsehen sei keine Gabe, sondern eine Plage. ‚Ganz narrrisch machts einen, wenn mer alles sieht. Und sagen darf mans auch nicht jedem. Jeder hälts nicht aus! Es strenge ihn selbst an, nachher sei er immer wie zerschlagen'.

Es schüttelt ihn wie einen Hund, wenn er aus dem Trancezustand erwache, sagen die Leute. Der Polizeibeamte im Ort bestätigt vieles. ‚Alles Persönliche trifft er meist genau. Nur aufs Politische versteht er sich nicht, die Zukunft Deutschlands und sowas.'"

Des Weiteren heißt es im „Spiegel"-Artikel: „Eine Rumänin war kürzlich bei ihm. Der Alois hat sich still versunken hingesetzt und ihr den Heimatort so genau beschrieben, daß die Frau halbverrückt davonlief.

Einer Frau, die nach ihrem Mann in der Gefangenschaft forschte, sagte er: ‚Dein Mann ist schon in der Heimat, bleib' morgen daheim, er kommt!' Er kam wirklich.

Alois Irlmaier schilderte die Landschaft und nähere Umgebung, in der sich ein Gesuchter aufhielt, er beschrieb den Mann und seine Tätigkeit. Heimgekehrte Freilassinger bestätigten erstaunt die Situation in allen Einzelheiten.

Alois Irlmaier könnte ein reicher Mann sein, wenn er etwas angenommen hätte. Er hat es stets nur um Gotteslohn getan. ‚Weils so sein muß!' behauptet er. ‚Aber i sag nix mehr!'"

Aber auch vier Jahrzehnte später erinnerte „Der Spiegel" in einem Bericht „Der Erdball wird durchs All schlingern" an Alois Irlmaier – das nach einem Gespräch mit Pater Norbert Backmund vom Kloster Windberg in Ostbayern, einem promovierten Historiker. „Der Spiegel" schrieb: „Als gesicherter Beweis für die Prophetengabe als charismatische Gabe von oben führt der Pater gleich noch den 1959 verstorbenen Wünschelrutengänger Alois Irlmaier aus dem Chiemgau an. Irlmaier, der sich auch bei der Aufklärung von Kriminalfällen dienstbar machte und später aus Verbitterung über den spöttelnden Zeitgeist ein Warnschild vor seinem Haus ‚Bin nur noch in Angelegenheiten des Brunnensuchens zu sprechen', hatte wohl aufgrund eines schweren Nervenschocks zu seiner Berufung gefunden.

Seitdem beschreibt Backmund, ‚gab es ihm häufig einen Riß, dann sah er Personen, Landschaften, Striche und Zahlen' oder die ‚kosmische Katastrophe einer 72stündigen Nacht' – Fehlerquoten inbegriffen, wenn er, so der Pater, Irlmaier als Hellseher versagte'. Immerhin: ‚Des wos der Mühlhiasl (Bayerwald-Prophet) sehgt', soll der Bauernbursch aus Freilassing gesagt haben, ‚des sehg i aa.'".

Doch als der Ausbruch eines „dritten Weltkriegs“ erstmals auf das Jahr 1950 datiert wurde – von wem auch immer - , und Gott sei Dank ausgeblieben ist, zeigten sich viele Massenmedien gegenüber den Prophezeiungen Irlmaiers überaus negativ und urteilen über ihn mit Hetze, warfen ihm Profilierungs- und Gewinnsucht vor. So das Hamburger Magazin „Stern“. „Treue Familienväter, die, wenn es schon sein muß, wenigstens gemeinsam mit ihren Familien sterben wollten, unterließen alle weitere Reisen, ärztliche Wartezimmer wurden mit einem Schlage leer, und im Bayerischen Wald brachen gläubige Bauunternehmer bereits begonnene Bauvorhaben ab ... Nur einer kümmerte das nicht, flüchtete nicht, kaufte keine Lebensmittel en gros, kassierte Geld anstatt es sinnlos auszugeben, und baute seelenruhig an seinem Haus weiter: Alois Irlmaier selbst.

Mag er vielleicht ein schlechter Prophet sein, so ist er bestimmt ein glänzender Geschäftsmann ... Hoher Maschendrahtzaun trennt die verzweifelten Gläubigen, die aus Mangel an klingender Münze keine Aussicht haben, bei Irlmaier vorgelassen zu werden, von dem Bauplatz des Sehers von Freilassing. Ihre Zukunft scheint ihnen ungewiß. Die des ‚Meisters‘ uns (gemeint der „Stern“) aber nicht. Denn noch gibt es genug Dumme auf der Welt. Niemand scheint gemerkt zu haben, dass der Prophet, dessen Voraussage eines neuen Krieges noch in diesem Jahr (1950) eine Panik auslöste, selbst in Seelenruhe an seinem neuen Haus weiterbaut.“

Angesichts solcher Verleumdungen wurde der Seher, der von seinen Auskunftsuchenden höchstens ein Trinkgeld genommen hat, immer verschlossener, wollte keine Fragensteller mehr sehen, setzte sich damit zu Wehr, dass er an einige Zeitungen mit der Bitte schrieb, ihren Lesern mitzuteilen, dass er künftig weder Besuche in Sachen Hellseherei empfangen noch Briefe beantworten werde. Er drohte auch an, gerichtlich gegen Veröffentlichungen und Vorträge über seine Person vorzugehen. Seinen Lebensunterhalt wollte er sich künftig allein mit dem Wassersuchen und dem Brunnenbau verdienen.

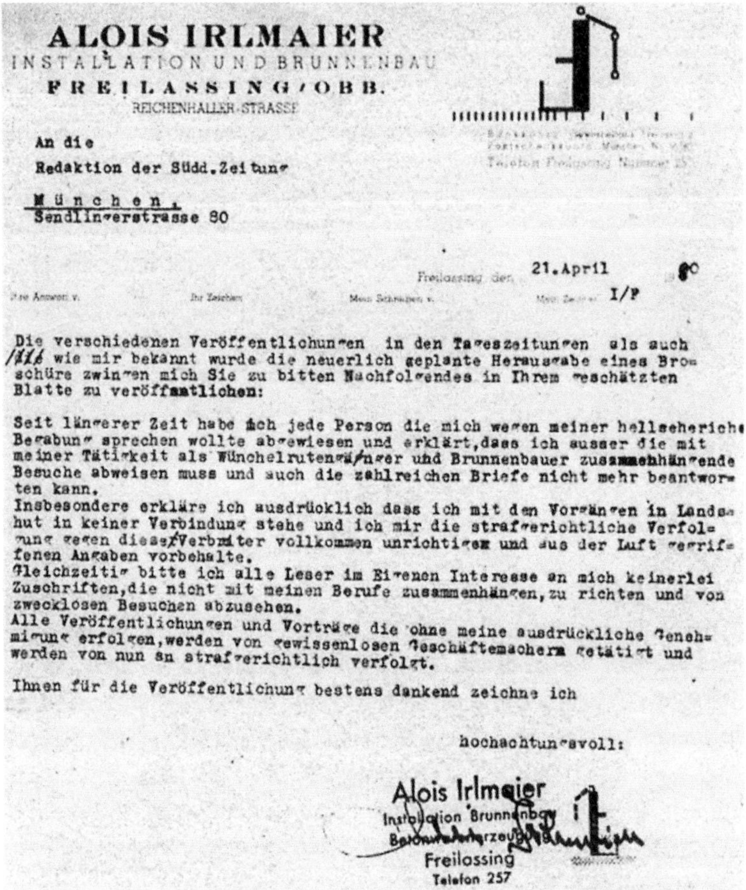

ALOIS IRLMAIER
INSTALLATION UND BRUNNENBAU
FREILASSING/OBB.
REICHENHALLER-STRASSE

An die
Redaktion der Südd.Zeitung
München.
Sendlingerstrasse 80

Freilassing, den 21.April 50
I/P

Die verschiedenen Veröffentlichungen in den Tageszeitungen als auch wie mir bekannt wurde die neuerlich geplante Herausgabe eines Broschüre zwingen mich Sie zu bitten Nachfolgendes in Ihrem geschätzten Blatte zu veröffentlichen:

Seit längerer Zeit habe ich jede Person die mich wegen meiner hellseherichen Begabung sprechen wollte abgewiesen und erklärt,dass ich ausser die mit meiner Tätigkeit als Wünschelrutengänger und Brunnenbauer zusammenhängende Besuche abweisen muss und auch die zahlreichen Briefe nicht mehr beantworten kann.
Insbesondere erkläre ich ausdrücklich dass ich mit den Vorgängen in Landshut in keiner Verbindung stehe und ich mir die strafgerichtliche Verfolgung gegen diese Verbreiter vollkommen unrichtigen und aus der Luft gegriffenen Angaben vorbehalte.
Gleichzeitig bitte ich alle Leser im Eigenen Interesse an mich keinerlei Zuschriften,die nicht mit meinen Berufe zusammenhängen,zu richten und von zwecklosen Besuchen abzusehen.
Alle Veröffentlichungen und Vorträge die ohne meine ausdrückliche Genehmigung erfolgen,werden von gewissenlosen Geschäftemachern getätigt und werden von nun an strafgerichtlich verfolgt.

Ihnen für die Veröffentlichung bestens dankend zeichne ich

hochachtungsvoll:

Alois Irlmaier
Installation Brunnenbau
Betonwarenerzeugung
Freilassing
Telefon 257

Auch an die Süddeutsche Zeitung richtete Irlmair bereits Anfang der fünfziger Jahre des vorigen Jahrhunderts einen Brief mit der Bitte, ihren Lesern mitzuteilen, dass er für hellseherische Angelegenheiten nicht mehr zu haben sei.

Zu seinem 50. Todestag im Jahre 2009 wurde Alois Irlmaier von der Münchner „tz“ als einer der berühmtesten Seher Bayerns gewürdigt, der 1959 auf dem Totenbett gesagt haben soll: „Ich bin froh, dass der Herrgott mich sterben lässt. Jetzt brauche ich das, was ich voraussehe, nicht mehr erleben.“

Epilog

Bereits zu Lebzeiten Irlmaiers stellten selbst seriöse Zeitungen die Begabungen Irlmaiers nicht in Abrede, sondern sie stellten sich mit ihren Kommentaren auf seine Seite. So schreibt die Süddeutsche Zeitung in einem ihrer Berichte: „Die Zukunft wird entsprechend entscheiden müssen, was an Irlmaiers Aussagen und hellseherischen Kräften Wahres ist. Bestimmt gibt es neben ihm noch viele andere, die über die Kraft des Hellsehens verfügen. Wir haben unsere Leser mit dem Fall bekanntgemacht, weil er ohne Zweifel ein außerordentliches Phänomen unserer Zeit darstellt und außerdem viel Verwandtschaft mit dem gerade in unserem Gebiet bekannten bayerischen Mühlhiasl aufweist. Es geht nicht um eine Sensation, sondern um die mit Ehrfurcht getroffene Feststellung, daß es im menschlichen Leben eben doch Kräfte geben kann, die wir uns allein mit dem Verstand nicht erklären können. Diese Kräfte aber von irgendeiner Seiten zu mißbrauchen, hieße Schindluder mit ihnen zu treiben."

Im Jahre 2017 ist – bei der Neuauflage und Überarbeitung des im Jahre 1998 erstmals erschienenen Büchleins „Alois Irlmaier Prophezeihungen – Der Seher von Freilassing" – aber gerade zum letzten Satz der Wertung von Irlmaiers Lebenswerk und der von glaubhaften Zeugen überlieferten, teils schriftlich fixierten Aussagen der Hellseherei festzustellen, dass diese im Laufe der vergangenen sechs Jahrzehnte vielfach oft gänzlich falsch wiedergegeben, falsch interpretiert oder noch viel schlimmer, von Irlmaier nie gesagt wurden, also frei erfunden sind. Dabei kam diesen Irlmaier-„Forschern" zugute, dass plötzlich immer neue Zeitzeugen „wie die Bekannte meiner Tante", „der Vater meines Onkels" usw. in Szene gesetzt wurden oder die Nachlässe von bis dato unbekannten Gesprächspartnern, die unter Decknamen firmieren, auftauchten, die es ja wohl nie gegeben hat.

Ihnen bietet heutzutage das Internet mannigfache Gelegenheit und Plattform, das teils über 50 Seiten hinweg, mit neuen „Recherchen" und Interpretationen das Leben von Alois Irlmaier neu zu schreiben, zu werten und zu erklären. Deren Phantasie ist grenzenlos und deshalb mit Vorsicht zu genießen, da hier die Grenzen der Glaubwürdigkeit und Lügen fließend ineinander übergehen.

Da z. B. selbst zu und nach den Lebzeiten Irlmaiers nie geklärt werden konnte, was der Seher mit den in Nordafrika „aufsteigenden Vögeln/Tauben" gemeint hat und auch nicht davon sprach, dass es sich dabei um Flugzeuge handeln könnte, mag es nunmehr um so mehr verwundern, dass daraus fast sechzig Jahre nach seinem Tod Drohnen gemeint sein könnten, so wie man dies heutzutage gelegentlich nachlesen kann. Originaltext aus dem Internet der angeblich erst im Jahre 2002 entdeckten Irlmaier-Vorhersehungen: „Aus dem Sande der Wüste Afrikas steigen die großen Vögel auf mit Todeseiern ohne Männer". Das kann der Seher wohl nie und nimmer gesagt haben!

Verwundern muss auch, dass Irlmaier einmal sinngemäß gesagt haben soll, dass Leute mal Papperdeckel haben, die man in Zuban-Schachtel (Schachteln also für früher im Markt angebotenen Zuban-Zigaretten) stecken kann, um damit zu bezahlen. Und auch die Mobiltelefone soll der Prophet Irlmaier bereits vorausgesagt haben, indem er zu den Worten gegriffen haben soll, was keinesfalls seiner Art zu Reden entspricht: „Ich sehe sie ein kleines Ding in den Händen halten, das ihnen Auskunft gibt über alles, was sie wissen wollen". Auch den Euro-Crash soll Irlmaier gleich nach der Währungsreform und damit der Einführung der D-Mark im Blick gehabt haben, als er gesagt haben soll: „Das neue Geld ist o.K., aber vor dem, was danach kommt, müsst ihr euch in Acht (gemeint natürlich den Euro!) nehmen." Es könnten noch viele weitere im Internet veröffentlichten „Irrlichter" um Irlmaiers Blick in die Zukunft aufgezählt und beschrieben werden, doch diese Mühe wollen wir uns nicht antun.

Beim Stöbern im Internet kann man aber auch entdecken, dass neuere Irlmaier-Interpretationen wohl als Werbeträger für Irlmaier-Bücher, für den Kauf von Gold und Silber und Artikel zur Krisenvorsorge im Falle der vorausgesagten Irlmaier-Katastrophen unter die Leute gebracht werden. Es werden gepackte Fluchtgepäcktaschen,

Sorglos-Pakete, Dosenbrot, Langzeitlebensmittel, Messer, Wasserentkeimer, Taschenlampen, legale Waffen wie Armbrustpistolen, Verteidigungsregenschirme, Schutzwesten und Pfefferspray offeriert. Und deshalb der Rat der Grenzwissen-Interpretationen: „Fange am besten noch heute, jetzt sofort mit der Krisenvorbereitung an – sonst schiebt man es wieder vor sich her und steht am Ende trotz eigentlichen Vorwissens genauso hilflos da wie der Rest der Bevölkerung. Ab heute also jede Woche regelmäßig ein bisschen Krisenvorsorge betreiben und bloß nicht schleifen lassen!“, so das Rezept der Angstschürerei mit Blick auf den Verkauf der Krisenbewältigungsmittel.

Doch damit ist der Ideenreichtum darüber, wie man den Irlmaier-Nachlass bzw. die Andichtungen weiterer Voraussagen werbemäßig ausschlachten kann, nicht zu Ende. Den Irlmaier als „Köder“ für hellsichtige Lebensberatung ausgelegt, die man sich gegen entsprechende Gebühren von teils durchaus gut aussehenden Top-Beraterinnen einholen kann – das einschließlich der Kartenlegerei, ist ebenfalls im Angebot mit seinen Voraussagen im Internet ein Angebot.

Alois Irlmaier, der aus seiner Hellseherei nie ein Geschäft gemacht hat, würde sich, hätte er solche Entwicklungen vorausgesehen, noch heute im Grabe umdrehen …

Gibt es auch heute noch Wassersucher und Hellseher?

Rutengänger

Diese Frage kann mit einem eindeutigen Ja beantwortet werden. Der Verfasser hat sich bei der Überarbeitung des vorliegenden Buches an einen im Ruhestand lebenden Architekten aus dem Bayerischen Wald erinnert, der einem Freund bei der Wassersuche auf seinem Grundstück helfen wollte. Seine Arbeit galt und gilt auch Gemeinden als Helfer, wenn diese für die örtliche Trinkwasserversorgung nach neuen Quellen suchen. Der Rutengänger genießt dabei das größte Vertrauen der Bürgermeister, weil er seine Angaben zur Lage der Quellen und dazu auch die Tiefe, in der sie sprudeln, ziemlich genau fixieren kann und dadurch die Fassung der Quellen erleichtert und auch zuverlässige Prognosen über die Menge der möglichen Quellschüttungen voraussieht.

Interessant ist, dass dieser Rutengänger aus dem Mittleren Bayerischen Wald oft gar nicht an den Ort der gewünschten Wassersuche fahren muss, sondern auch anhand einer genauen Lageskizze des Grundstückes jene Plätze einzeichnen kann, auf denen es sich lohnt, nach Wasser zu graben oder zu bohren. Und selbst in Übersee hat dieser ambitionierte Wassersucher nur nach Einsicht in die geographische Lage des Hauses bzw. Grundstücks Leute von der Wassernot befreit.

Das erinnert uns an das in diesem Buch im Kapitel „Ein Wassersucher, aber kein Ölsucher" aufgeführte Beispiel, als eine Oberin eines Klosters in Argentinien zu Besuch in ihrem Mutterhaus in Oberbayern weilte. Sie klagte Irlmaier ihre sie plagende Wassernot, die trotz aller möglichen Grabungen im Umkreis des Klosters nicht beseitigt werden konnte. Irmaier wurde eine Skizze des Grundstücks vorgelegt. Er fuhr nur mit seinen Fingern über die Karte, hielt plötzlich inne und zeigte auf einen gewissen Punkt an dem sich Wasser finden lasse. Diese Quelle hatte sich bislang unterirdisch an einem Hang unweit des Klosters ins Erdreich ergossen. Die Quelle wurde gefasst und damit das Kloster von seiner Wassernot befreit.

Doch er, der Wassersucher aus dem Bayerischen Wald, und seine auch noch in unseren Tagen hilfreichen Wünschelrutengänger, ist nur einer von vielen, die mit diesem Talent gesegnet sind. Und immer mehr sind es Häuslebauer, die sich vor der Grundsteinlegung ihrer Eigenheimer einen Rutengänger kommen lassen, um sicherzugehen, dass sie ihr Heim nicht auf eine Quelle oder Wasserader errichten, um sich damit vor späteren Störungen ihrer Gesundheit schützen.

Und natürlich wird die Hilfe von Rutengängern auch von Leuten in Anspruch genommen, die an Schlafstörungen leiden und in gesundheitlich bedrohten Räumen in teils lange bewohnten Wohnungen leben. Sie lassen vor allem in Schlafzimmern suchen, um hier vielleicht die Einflüsse von Wasseradern zu orten und diesen damit begegnen, dass sie dazu raten, die Lage der Betten zu verändern.

Hellseher

Wie zu Zeiten Irlmaiers bieten sich auch heutzutage, festgestellt im Jahre 2017, auch in Deutschland Hellseher bei der Aufklärung von Totschlägen und Mord der Polizei oder auch Detektiven zur Mitwirkung bei der Aufklärung an. Ein Hellseher aus Siegburg in Nordrhein-Westfalen z. B., als die 27-Jährige Carolin B. am 6. November 2016 vergewaltigt und ermordet wurde und darauf ihre Leiche verschwunden war, gab schon einen Tag nach dem Verschwinden der Polizei Hinweise, was mit Carolin passiert sein könnte und wo sie zu finden sei. „Sie ist einem Verbrechen zum Opfer gefallen, nicht vergraben liegt sie in der Nähe eines Weges im besagten Waldgebiet und nicht im Wasser. Sie ist am besten mit Leichenspürhunden zu finden, schrieb der Seher an die Soko. Der Hellseher sollte recht behalten. Carolins Leiche wurde bis auf 200 Meter genau an jener Stelle gefunden, die er der Kripo verraten hatte.

Quellen/Literatur

Abendzeitung, München, Ausgabe vom 12. Dezember 1978

Adlmaier Conrad, „Blick in die Zukunft", 1. Auflage, Traunstein 1950

Backmund Norbert, „Hellseher schauen in die Zukunft", 2. Auflage, Morsak-Verlag, Grafenau

Bekh Wolfgang Johannes, „Alois Irlmaier – der Brunnenbauer von Freilassing – Sein Leben und seine Voraussagen", W Ludwig Verlag, 5. Auflage 1955 Brockhaus-Enzyklopädie, Ausgabe 1997 Erdinger Neueste Nachrichten, Erding, SZ-Verlag, Ausgabe vom 4. Dezember 1990

Illustrierte Geschichte der Medizin, Andreas Verlag, 1992, Verlagsanstalt Vaduz, 1992 Deutscher Wetterdienst, 200 Jahre meteorologische Beobachtungen auf dem Hohenpeißenberg, 1781-1980; herausgegeben in Offenbach am Main, 1981 Echo der Woche vom 12. Mai 1950 Grafenauer Anzeiger, Passauer Neue Presse, Passau, Ausgabe vom 31. Dezember 1997

Isar-Post, Landshut, Ausgabe vom 12. April 1950 Jasper, Wessel Dietrich, genannt auch der alte Jasper aus Westfalen (1764-1833)

Müller Jurik Dr., „Was Bauernregeln versprechen – oder auch nicht" Deutscher Wetterdienst, Offenbach Münchner Merkur, München, 22./23. Oktober 1949 Nostradamus, einer der größten Hellseher, der von 1503 – 1566 in Südfrankreich lebte Passauer Neue Presse, Passau, vom 31. Juli 1950 Schönhammer Adalbert, „PSI und der dritte Weltkrieg", Rohm Verlag, Bietigheim, 3. Ausgabe, 1978 Süddeutsche Zeitung, München, diverse Ausgaben ab 1951 bis 1997, u. a. vom 4. Februar 1950, Traunsteiner Nachrichten, Traunstein, diverse Ausgaben ab dem Jahre 1950

Oberbayerisches Völksblatt, Rosenheim, vom 13. Oktober 1949

„tz" München, Ausgabe vom 28. Juli 2009

„Der Spiegel", Hamburg, Ausgabe Nr. 39 vom 25. September 1948

„Der Spiegel", Hamburg, Ausgabe Nr. 46 vom 10. November 1986